Wandern auf kraftvollen Wegen

Ursula Weber

Wandern auf kraftvollen Wegen

15 Touren und 30 Geschichten aus dem südlichen Oberbayern

Volk Verlag München

Abbildung S. 200 unten: iStock, elfinima
Alle sonstigen Abbildungen: Ursula Weber

Die Deutsche Bibliothek verzeichnet diese Publikation in der Deutschen Nationalbibliografie; detaillierte bibliografische Daten sind im Internet über https://portal.dnb.de/ abrufbar.

2. Auflage, 2024

Neumarkter Straße 23; 81673 München
Tel. 089 / 420 79 69 80; Fax: 089 / 420 79 69 86

Druck: DZS Grafik, d.o.o., Ljubljana

ISBN 978-3-86222-383-1

www. volkverlag. de

Inhalt

Übersichtskarte

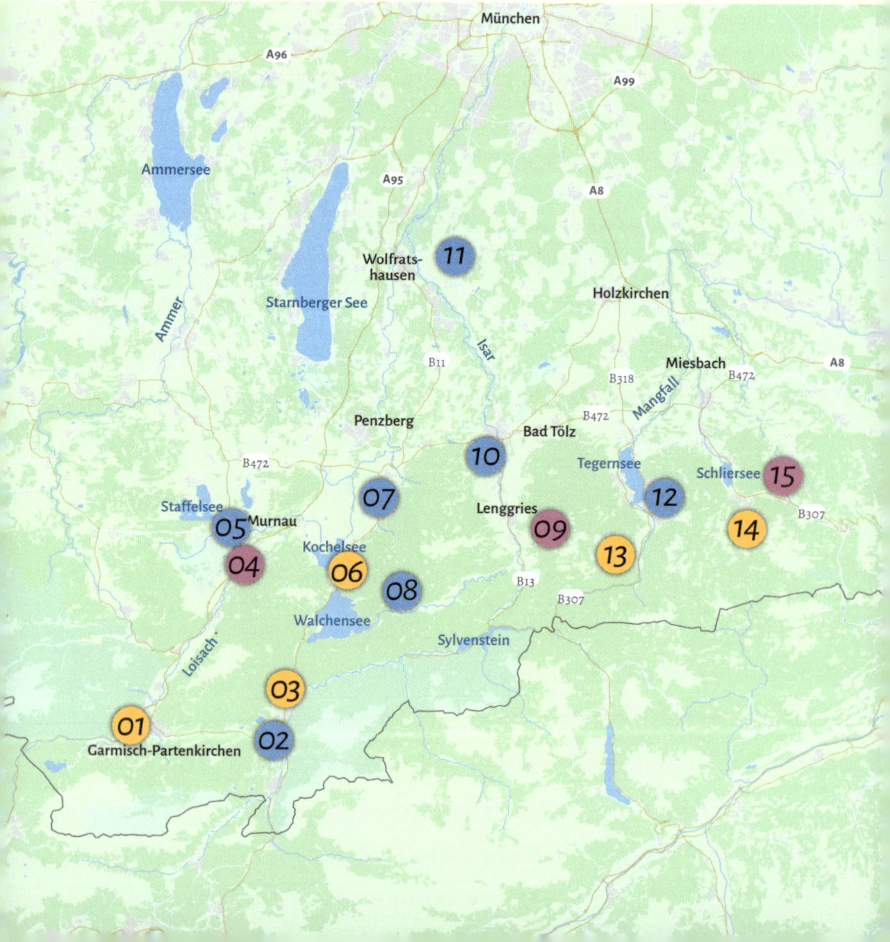

Vorwort

Liebe Leserinnen und Leser,
im Leben suchen wir nach besonderen Orten und Geschichten, die uns mit ermutigender Kraft beschenken. Die unser Herz öffnen, es mit neuer Energie erfüllen und uns ein Lächeln aufs Gesicht zaubern.

Dieses märchenhafte Wanderbuch ist voll solcher Plätze und Erzählungen. Seine 15 Touren führen an rauschenden Wasserfällen vorbei, auf einsame Gipfel, an geheimnisvolle Seen und in verwunschene Wälder. Die dazu gesammelten 30 Geschichten erzählen von Herausforderungen des Lebens und gewitzten Antworten darauf. Von glücksbringenden Wünschen und wundersamer Rettung. Von frechen Fantasiewesen und zauberhaften Helfern im Alltag. Viele von ihnen stammen aus vergangenen Zeiten und werden doch im Hier und Heute lebendig.

Lassen Sie sich von den Wanderungen und den Geschichten unmittelbar in den Augenblick holen. Mit Blick für die Weite und das Wundersame. Mit Ohr für das Summen, das Plätschern und die leisen Töne des Lebens. Und mit offenem Herzen für heilsame Begegnungen und stärkende Erfahrungen. Entdecken Sie Ihre eigenen Wurzeln wieder und füllen Sie Ihren Brunnen der Lebenskraft neu.

Die Touren sind so ausgewählt, dass sie für jede Wetterlage und Jahreszeit eine Anregung im Süden von München bieten. Die Einteilung in Schwierigkeitsgrade ist dabei nur für die konkret beschriebene Route ausschlaggebend. Für alle Touren werden Variationsvorschläge angegeben, wie sie verkürzt oder erweitert werden können. Lassen Sie sich inspirieren, die für Sie passenden Wege zu finden, und kommen Sie dabei Ihren Kraftquellen auf die Spur!

Kraftvolles Wandern wünscht Ihnen Ihre

Ursula Weber

Es ist einfach königlich, in der Natur zu sein! Buchautorin Ursula Weber auf dem Grainauer Sagenweg

Einleitung – drei Tipps vorweg

Zu den Tourbeschreibungen

Die Touren sind in drei Schwierigkeitsgrade eingeteilt:

leicht (bis 200 hm)
mittel (bis 600 hm)
schwer (ab 600 hm)

Die Gehzeiten orientieren sich an den allgemein angegebenen Zeiten der Wegmarkierungen und der Routenplaner diverser Kartendienste sowie an eigenen Erfahrungen beim Begehen der Touren. Deshalb mein Tipp: Beginnen Sie mit einer leichten Tour und schätzen Sie dann die anderen entsprechend für sich ein. Das gilt umso mehr, wenn Sie mit Kindern unterwegs sind.

Die Charakterisierung des Weges, die Sie direkt bei jeder Karte finden, erleichtert Ihnen zudem die Einordnung der Tour.

Zur konkreten Vorbereitung

Trotz intensiver Recherche für alle Touren kann sich jederzeit etwas ändern. Deshalb fragen Sie bitte vor dem Start stets drei Informationen tagesaktuell im Internet ab:

Das Wetter: In den Bergen kann das Wetter schnell umschlagen. Erkundigen Sie sich nach der genauen Prognose, gegebenenfalls bei der Tourist-Information.

Die Einkehrmöglichkeiten: Während der Vorbereitungen für dieses Buch waren die Gastwirtschaften immer wieder geschlossen oder auch durch starke Frequenz von Wanderern überlastet. Zudem wechseln Pächter und Hütten werden umgebaut. Klären Sie bitte auch hier, ob die angegebene Wirtschaft tatsächlich geöffnet hat – und nehmen Sie am besten immer eine kleine Notration an Getränken und Proviant mit.

Die Weg-Situation: Langer Regen, Stürme, massive Schneefälle und nicht zuletzt Rodungsarbeiten können die Begehung der Natur unmöglich machen. Erfragen Sie deshalb im Internet, ob der Weg aktuell gut gangbar ist.

Zum kraftvollen Wandern

Planen Sie ausreichend Zeit ein; wer zum Beispiel gerne fotografiert, ist um einiges länger unterwegs.

Wählen Sie Touren, die zu Ihnen passen. Wege ohne ausreichende Beschilderung (siehe Weg-Charakterisierung direkt an der Karte) sind für geübte Wanderfreunde mit gutem Orientierungssinn gedacht. Dabei empfiehlt es sich manchmal, den eigenen Standort zu überprüfen, zum Beispiel über Tourenplattformen wie ***www.outdooractive.com, www.komoot.de*** etc. – sofern der Handyempfang es zulässt. Als exklusive Ergänzung zu den schwierigsten Touren gibt es jetzt die GPS-Daten als Download. Einfach den jeweiligen QR-Code bei der Tour einscannen und die GPX-Datei bei ***outdooractive*** kostenfrei abrufen.

Lassen Sie den gesunden Menschenverstand walten. Nicht jeder Tag ist gleich. Wenn Sie sich plötzlich nicht mehr gut fühlen, Sie die Orientierung verloren haben oder das Wetter umschlägt, verkürzen Sie die Tour oder drehen Sie bitte um. Immer häufiger muss die Bergwacht unter gefährlichen Bedingungen ausrücken, weil sich unbedarfte Wanderer selbst in Gefahr gebracht haben. Und denken Sie daran: Nicht die Schnelligkeit und die erklommenen Gipfel zählen, sondern die Freude an der Natur und an den Geschichten!

Wählen Sie den Ort fürs (Vor-) Lesen der Sagen und Märchen ganz nach Ihren Vorlieben. Die von mir markierten Plätze dienen als kleine Vorschläge.

Und das Wichtigste: Genießen Sie das Unterwegssein und schöpfen Sie neue Kraft!

Zu allerhand Späßen aufgelegt: der rostige Hirsch vom Isar-Erlebnisweg

Grainauer Sagenwald-Runde 01

Ganz in Gold: Blätter, Berge, Nixe

2:30 h Gehzeit
8 km Länge
256 hm mittel

Ein bäriges Vergnügen für Jung und Alt bieten die Stationen im Sagenwald.

Beeindruckend mächtig ragt das Wettersteinmassiv vor einem auf, wenn man in Grainau seine Runde dreht. Wobei man anfangs nur den Kleinen und den Großen Waxenstein vor sich sieht und erst am Ende, mit etwas mehr Abstand, auch die Alp- und die Zugspitze entdeckt. Umso faszinierender sind die verschiedenen Ausblicke auf diesem charmanten Weg von Hammersbach nach Grainau. Malerische Plätze zum Rasten erwarten uns dabei genauso wie märchenhafte Stationen.

Der ▸ ***Wanderparkplatz P2 in Hammersbach*** nimmt uns in Empfang – und reichlich Parkgebühr für die nächsten Stunden ab. Doch wegen der Nähe zur Höllentalklamm sind hier alle Parkplätze sehr kostspielig oder zeitlich begrenzt. Das Parken an den Straßenrändern ist zum Großteil untersagt und verbietet sich ohnehin aus Respekt gegenüber den Einheimischen, die tagtäglich mit einem regen,

Ein kuscheliges Plätzchen für die Grainauer Sagengeschichten: der Holzerkobel

manchmal übermäßigen Besuch von Gästen konfrontiert sind.

Diesem Andrang von Menschen entkommen wir jedoch ziemlich schnell, wenn wir die ▶ ***Höllentalstraße Richtung Südost*** ca. zehn Minuten gegangen sind. Dann führt uns schon das Schild nach ▶ ***rechts zum Sagenwald***, der hier auf einer ca. drei Kilometer langen Runde insgesamt 14 sagenhafte Stationen für Jung und Alt präsentiert. Nun gibt es zwei Möglichkeiten, die von mir vorgestellte größere Tour zu gehen: Wer sich 100 Höhenmeter und einen halben Kilometer ersparen möchte, nimmt den unteren Weg, der ziemlich eben nach Westen abzweigt. Meine, auf der Karte eingetragene Route folgt stattdessen der ▶ ***Beschilderung links*** hinauf in den Bergwald, wo gleich die erste Station, der „Turmangerblick“ über der Marienkapelle, steht und an die einstige Hammersbacher Burg erinnert. Von Station zu Station geht es munter dahin, mal einen ▶ ***Wurzelpfad*** entlang, mal einige hohe ▶ ***Stufen*** hinauf, die neben dem winzigen „Zwergeneingang“ am Fuße einer Fichte wie Treppen für Riesen wirken.

Auch wenn Sturmböen dem Bergwald hier übel mitgespielt und ihn in ein wildromantisches Abenteuer verwandelt haben, lassen sich überall neue Überraschungen und Attraktionen entdecken. Etwa eine halbe Stunde lang geht es emsig bergauf durch den „Königswald" und vorbei am „Wildererschluf" bis das ► ***„Wildersteigerl" auf schmalem Pfad nach Nordwest*** wieder hinunterführt. Der ► ***„Holzerkobel"*** bietet eine heimelige Gelegenheit, den beiden Geschichten zu lauschen, die aus dem illustren Schatz der Broschüre des Sagenwaldes stammen **Geschichten S. 17 u. 18**.

Wenn sich auf dem ► ***Weg bergab*** schließlich das goldene Herbstlaub lichtet, kreuzen sich mehrfach die Wege. Der „Sagenwald-Weg" biegt hier nach Osten ab, um seine Runde zu vollenden – und wer die Route am Anfang der Tour entspannter hatte gehen wollen, trifft nun auf unseren Weg und kann ihm weiter folgen.

Auch kann man hier nach Westen einen kleinen kulinarischen Abstecher zur Neuneralm machen.

Unsere eigentliche Route führt uns ► ***über die Straße auf den Kiesweg, der halblinks nach Westen*** eine kleine Anhöhe hinaufgeht (Richtung Obergrainau/Neuneralm). Die Einladung der Bänke am Wegesrand sollte man unbedingt annehmen und den Blick schweifen lassen: vom Wettersteingebirge über Garmisch-Partenkirchen im Tal hinüber zu Königsstand und Kramer, die im Norden majestätisch aufragen.

Schließlich folgen wir dem ► ***Weg nach Westen*** in kurzer Kehre wieder etwas bergab, ► ***über-***

Aussichtsreiche Orte wechseln mit verwunschenen Ecken im Wald.

Grainauer Sagenwald-Runde

2:30 h Gehzeit | 8 km Länge | 256 hm | mittel

Ausgangspunkt in 82491 Grainau:

Wanderparkplatz P2, Hammersbach in Grainau

Weg:

Ganzjährig möglich, überwiegend sonnig.
Zahlreiche Stufen im ersten Teil, ansonsten überwiegend Kiesweg. Der Sagenwald ist auf schwarzbraunen bzw. grüngelben Schildern gut ausgewiesen, der restliche Weg ist nur teilweise beschildert.

Besonderheiten:

- Sagenwald mit 14 Stationen (Infos als Download oder gedruckt bei der Tourist-Info)
- Ausblicke über Grainau und Garmisch-Partenkirchen
- Badersee (Bootsverleih, goldene Nixe)
- Depot der Zugspitzbahn
- Kurpark Obergrainau

Einkehr:

- Neuneralm www.neuneralm-grainau.de
- Hotel am Badersee www.hotelambadersee.de
- Gastronomie Grainau und Garmisch-Partenkirchen

Zuganfahrt:

Fahrt mit dem Zug nach Garmisch-Partenkirchen, Eibseebus nach Grainau, Ausstieg „Obergrainau" (Start von dort)

Variationen:

Verkürzen lässt sich die Runde ganz einfach auf den Sagenwald (3 km) oder bis zur Pfarrkirche als westlichsten Punkt. Erweitern lässt sie sich z. B. über die Höllentalklamm oder auch über den Höhenweg zum Eibsee. Eine Runde um den See ist natürlich auch möglich – wobei hier mit extrem hoher Frequenz von Besuchern zu rechnen ist.

Tipps:

- Sagenwanderungen für Familien (Tourist-Info)
- Höllentalklamm www.hoellentalklamm-info.de
- Eibsee (Wandern und Baden)
- Zugspitzfahrt (Bahn oder Gondel) www.zugspitze.de
- Zugspitzbad www.grainau.de/zugspitzbad
- Lauschtour: Erlebnisweg „Klima & Wasser im Wandel" www.klimawandel-grainau.de

Tourist-Info:

Kurhaus
Parkweg 8
82491 Grainau
Tel.: 08821-981850
E-Mail: info@grainau.de
www.grainau.de

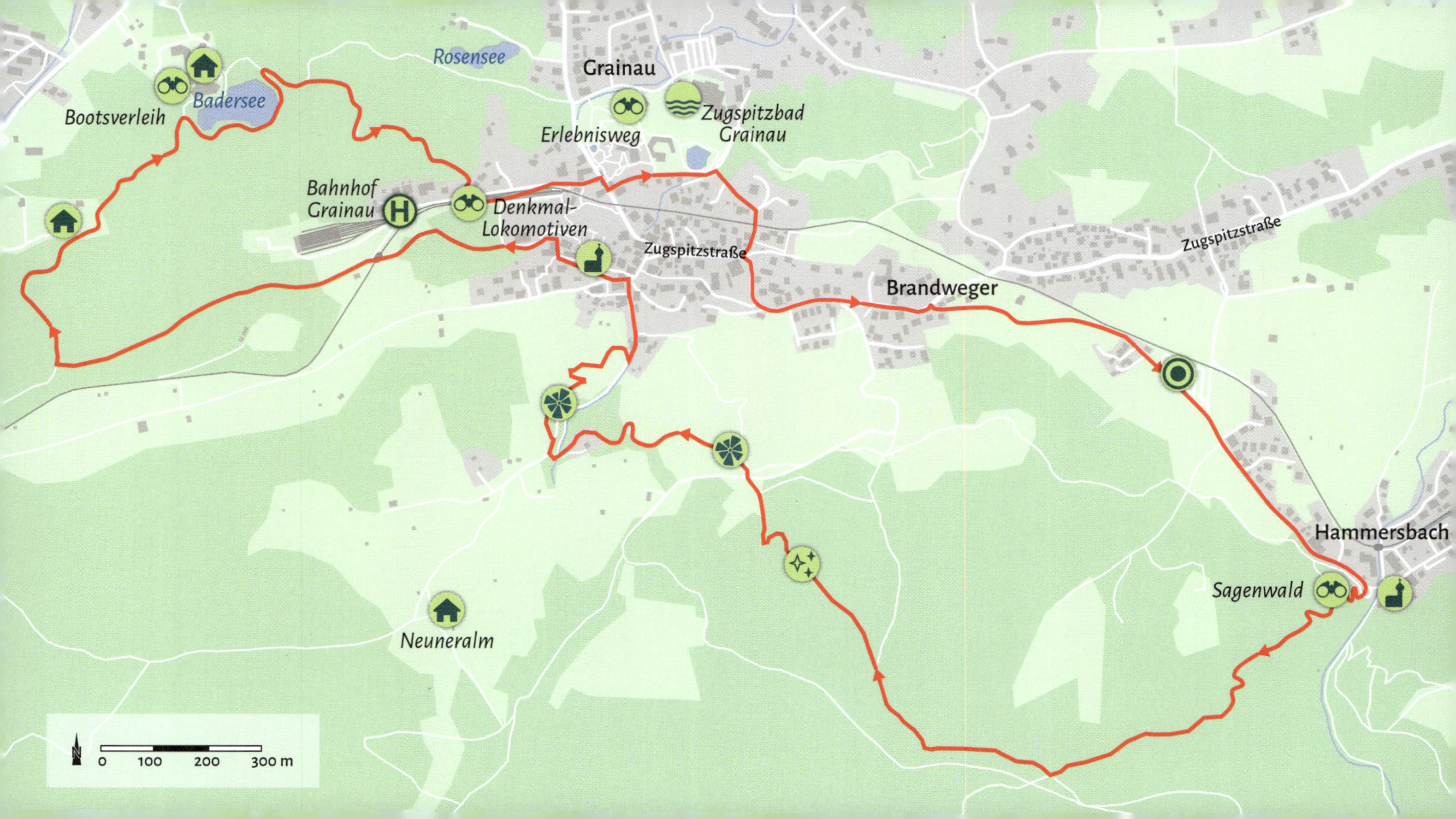

Rosensee
Grainau
Bootsverleih
Badersee
Erlebnisweg
Zugspitzbad
Grainau
Bahnhof
Grainau
Denkmal-
Lokomotiven
Zugspitzstraße
Zugspitzstraße
Brandweger
Hammersbach
Sagenwald
Neuneralm
0
100
200
300 m

queren erneut eine Straße, um gleich darauf ▶ *links den abzweigenden Kiesweg* zu nehmen. Schon wartet der nächste herrliche Ausblick auf uns. Ob aus einem Hütterl heraus oder auf der Bank unter zwei Linden, hier lässt es sich noch einmal aufs Schönste verweilen, bevor wir ins Tal hinunterziehen.

Der ▶ *Neuneralmweg* bringt uns nach Obergrainau und lässt uns staunend bei einer wasserkraftbetriebenen Modellstation von Bahn- und Gondelbetrieb verweilen. Dann führt uns der ▶ *Törlenweg* zielsicher zur katholischen ▶ *Pfarrkirche St. Johannes der Täufer*, die mit Zwiebelturm, Friedhof und Torbogen pittoresk im Ort eingebettet ist. Wir folgen der ▶ *Straße „Kirchbichl" erst nach Westen*, dann umrunden wir über die nördliche Seite die Volksschule halb, um dann dem ▶ *Waldweg wieder weiter in westlicher Richtung* zu folgen. Rechts neben uns liegt das Depot der Bayerischen Zugspitzbahn, links die Zugspitze selbst.

Dann steigt der Weg kurz steil an und führt uns einen halben Kilometer in den Wald hinauf. Oben wählen wir einen ▶ *Abzweiger rechts in Richtung Badersee/Grainau*. Wieder zieht der Pfad durch lichtdurchfluteten Mischwald mit blühender Heide seine lockeren Kehren und erreicht schließlich eine Mini-Mini-Ausgabe des Eibsees, den Badersee. Smaragd- bis jadegrün leuchtet das reine Quellwasser, eine kleine Insel mitten darin. Man kann ihn rechts oder links ▶ *umrunden* und seine verwunschene Atmosphäre genießen.

Wer buchstäblich darin eintauchen will, sollte sich beim dortigen Hotel ein Boot ausleihen und auf den Weiher hinausrudern. In seiner Mitte verbirgt sich nämlich eine kleine Nixe mit goldenem Haar, die auf freundlich gesinnte Besucher ihrer fantastischen Unterwasserwelt wartet… Der Legende nach soll es eine Nachbildung der geheimnisumwobenen Tänzerin Lola Montez sein, die eine Geliebte König Ludwigs I. war und von König Ludwig II. hier verewigt worden sein soll.

Unser Weg führt uns auf der anderen Seite des Sees wieder ▶ *in östliche Richtung weiter*. Wer mag, kann den Abzweig zum kleinen Rosensee ebenfalls mitnehmen und wird dann etwas nördlicher in den Ortskern von Grainau zurückkehren. Wir wählen den ▶ *direkten Weg nach Südost zum Bahnhof*, weil wir einen Blick auf die blauen Denkmal-Lokomotiven der Zugspitzbahn erhaschen wollen. Wie

Spielzeugausgaben wirken sie, bergen aber in Wirklichkeit richtig Kraft in sich, mussten sie doch bis zu 25 Prozent Steigung überwinden.

Weiter geht es ▶ ***östlich bis zum Kurpark***, durch ihn hindurch, bis die ▶ ***Straße „Waldwinkl"*** uns eher ***südlich*** bringt. Dann die ▶ ***Zugspitzstraße*** entlang, bis nach ca. 500 Metern ▶ ***rechts der Hammersbacher Fußweg*** abzweigt und uns wohlbehalten wieder zu unserem Parkplatz zurückführt. Sehr empfehlenswert ist diese Runde übrigens auch zu späterer Stunde am Tag. Da der Schlussteil durch den Ort führt, braucht man die Dämmerung nicht zu scheuen – und mit etwas Glück wird man mit einem der prachtvollsten Alpenglühen des Wettersteingebirges belohnt!

Vom Wegesrand aufgenommen
Die goldenen Blätter

ab 4 Jahren

Ganz viele Sagen und Märchen aus dem Alpenraum erzählen davon, dass Blätter und Zapfen am Wegesrand zu Gold wurden. So erging es wohl auch einer Magd aus Hammersbach. Sie sollte die Kühe auf die Weide an der Baschenau treiben. Auf dem Allweg glitzerte es auf einmal. Runde, glänzende Plättchen zwinkerten ihr zu und sie konnte gar nicht anders, als sie in ihre Schürze zu stecken. Auf dem Hof jedoch staunte sie nicht schlecht, denn als sie die Fundstücke herausholte, waren es lauter Goldstücke!

Ihr Herr schickte sie natürlich sofort noch einmal hinüber zum Allweg. Aber alles Suchen war umsonst. Es ließen sich keine weiteren Kostbarkeiten mehr entdecken!

Als wollte uns das Schicksal zurufen, dass jeder Augenblick seinen eigenen Gewinn in sich trägt. Und dass man gut daran tut, im Fall der Fälle beherzt zuzugreifen.

Vom Weg abgekommen
Die hinterhältigen Irrwurzeln

ab 6 Jahren

Ein guter Orientierungssinn war für die Menschen früher außerordentlich wichtig. Wie sonst sollten sie sich im Wald und in den Bergen zurechtfinden. Denn Wegweiser waren rar. Und doch kam es immer wieder vor, dass der eine oder die andere viel zu spät ihr Ziel erreichten. Mancher mag jetzt an Unpünktlichkeit denken – aber nein, daran waren nur die Irrwurzeln schuld!

So erklärten es zumindest die Betroffenen: Sie seien, ohne es zu wissen, auf so eine heimtückische Irrwurzel getreten und daraufhin vom rechten Weg abgekommen. Drei Stunden lang ist beispielsweise die Marie damals im Unterwald am Eibsee im Kreis umhergegangen, bis sie wieder herausgefunden hat. Und der Toni aus Obergrainau musste sogar die halbe Nacht gebannt an einem Platz verbringen – bis die Kirchturmuhr eins schlug – dann erst ist er wieder frei gewesen und hat heimgehen können. Und das alles nur wegen der vermaledeiten Irrwurzeln!

Also gebt nur gut acht, wohin ihr eure Füße setzt. Am Ende ist es vielleicht eine Irrwurzel und ihr steht gewissermaßen übel „auf der Leitung"!

Dieser Spruch kommt übrigens aus neueren Zeiten, als das Telefon gerade erst erfunden worden war, aber so einen schlechten Empfang hatte, sodass man dachte, dass da eben jemand auf der Leitung stünde.

Nun, wer weiß, vielleicht hängen beide Aussprüche ja näher zusammen, als man denkt ... Und welch ein Glück, dass es im Sagenwald ein Baumtelefon gibt. Das funktioniert immer!

Isar-Natur-Erlebnisweg in Krün 02

Schwanensee und Finzweibl

1:40 h Gehzeit
6 km Länge
120 hm leicht

Sonne pur verheißen die Isarauen südlich von Krün.

Was gibt es hier nicht alles zu entdecken!?! Der Isar-Natur-Erlebnisweg in Krün macht seinem Namen wirklich alle Ehre. Sind es im Winter die vielen interessanten Thementafeln, die einen den Rundweg entlang begleiten, so sind es im Frühling und Sommer die unzähligen Blumen, die den Wegesrand säumen: Weidenröschen, Johanniskraut, Mädesüß, Wasserdost, Silberwurz und viele mehr… Das ganze Jahr über warten zudem eine große Anzahl an Schwänen darauf, bewundert zu werden – und ein stählerner Hirsch auf allerhand Späße!

Vom ► *Wanderparkplatz im Gries* starten wir gleich an der Isar in ► *südlicher Richtung* und folgen der ► *Beschilderung zum „Natur-Erlebnispfad"*. Man kann die Runde im oder entgegen dem Uhrzeigersinn gehen. Wir wollen heute die Tour auf der ► *westlichen Seite* auf dem Kiesweg entlang der Isar beginnen und lassen uns dabei

Ein Fundstück am Wegesrand: Hier lässt es sich sogar mit dem Ofenrohr herrlich ins Gebirge schauen ...

gleich von den Tafeln des ► *Kieselsteinlehrpfades* inspirieren. Zahlreiche Gesteinsbrocken zieren den Weg und lassen Geologie buchstäblich begreifbar werden.

Der ► *Flusslauf* führt uns in einem sanften Bogen der Mittagssonne entgegen. Steinmanndl hocken auf den Uferbänken neben einer Vielzahl leuchtender und duftender Blumen, die hier noch ein kleines Refugium für sich gefunden haben.

Nach einem guten Kilometer erreichen wir das ► *Krüner Wehr* und können auf einem Picknickplatz den Blick ins Karwendel genießen. Wer dazu noch einen richtig guten Burger genießen möchte, sollte noch ein Viertelstünderl dranhängen und „Mike's Diner“ besuchen. Dafür geht es zuerst ► *kurz in nördlicher Richtung* weiter, dann ► *über den Obernachkanal* und schließlich wieder nach ► *Süden an der Stauseestraße* entlang. Hier versteckt sich in einer Garage die verrückteste Burgerbude im Oberland. Ursula Barretta hat sich mit ihrem Mann einen kleinen Traum erfüllt und stilecht einen Kultladen für Burger & Co. eingerichtet: türkise Wände, pinkfarbene Barhocker, eine Jukebox und Hamburger in einfach genialen Varianten!

Nach diesem kleinen kulinarischen Ausflug nach Übersee geht es zurück ins Voralpenland – direkt an den Schwanensee. Denn am ► ***südlich davon gelegenen Stausee*** tummelt sich rund ums Jahr eine große Anzahl der edlen, weißen Wasservögel zusammen mit zahlreichen anderen Artgenossen. Wer noch etwas Glück mit dem Wetter hat, wird oftmals mit Postkartenmotiven belohnt.

Etwa die Hälfte des Weges ist an der Spitze des großen Weihers schon erreicht. Wem das zu wenig ist, der kann hier noch einen kleinen Abstecher zum Isarhorn machen, einem abwechslungsreichen Stich nach Süden durch blumenreiche Isarauen auf westlicher Seite des Flusses. Folgt man dem Pfad an der B 2 kurz weiter, biegt links eine Straße zu Parkplätzen ein, von denen aus ein Fußweg wieder zurück zum Isarstausee führt.

Wer sich diese Erweiterung sparen möchte, kann jedoch auch gleich dem ► ***Isar-Natur-Erlebnisweg auf östlicher Seite zurück in nördlicher Richtung*** folgen. Nun reihen sich die Thementafeln und Attraktionen aneinander. Mal geht es ein paar Höhenmeter in den Wald hinauf, mal wieder hinunter. Der Pfad schlängelt sich fröhlich dahin und wechselt mit kleinen Waldwiesen und immer wieder neuen Ausgucken ins Isartal.

Zahlreiche Bänke mit dem schönsten Panorama säumen den Weg auf östlicher Seite.

Diese Unbeschwertheit ist es, die den Weg so besonders macht. Mit kindlichem Vergnügen lassen sich die kleinen Aktionen erkunden, mühelos die Strecken bewältigen. Daneben wartet noch ein rostbrauner „Hirsch" am Wegesrand auf Foto-Späße. Dazu das glitzernde Spinnennetz im Herbst, das verwaiste Schneckenhaus im zeitigen Frühjahr … wer dann noch die Geschichte vom Finzweibl kennt, wird bald den zauberhaften Jungwald am Isarhochufer mit anderen Augen sehen **Geschichte S. 26**.

So geht die Zeit am Isar-Natur-Erlebnisweg viel zu schnell vorbei. Als hätte jemand geisterhaft an der Uhr gedreht, sind wir nach gut eineinhalb Stunden schon an der ▸ ***nördlichsten Spitzkehre*** angelangt. Wer gerne noch zwei Stunden Fußweg dranhängen will, kann sich auf den Weg nach Wallgau machen und auf der anderen Isarseite zurückkehren. Wir nehmen lieber den letzten ▸ ***Schwenk zurück zur Isarbrücke***, die uns gleich wieder zu unserem Parkplatz bringt.

Wer mit Kindern unterwegs ist oder auch sonst seinem kindlichen Gemüt folgen möchte, dem sei der Märchenweg in Wallgau wärmstens empfohlen, der uns auf einem knappen Kilometer zahlreiche Grimm'sche Freunde treffen lässt: Hänsel und Gretel, Schneewittchen, Rapunzel, Rotkäppchen und Rumpelstilzchen – und vielleicht ja auch das Finzweibl!

Mädesüß und Wasserdost fühlen sich am Stausee in Krün zu Hause (links), beschützt von den mächtigen Bergen, die auch die Ufer der Isar säumen (unten).

Isar-Natur-Erlebnisweg in Krün

1:40 h Gehzeit | 6 km Länge | 120 hm | leicht

Ausgangspunkt in 82494 Krün:

Wanderparkplatz, Griesweg 4

Weg:

Ganzjährig möglich, auch bei Regen.
Grüne Beschilderung „Isar-Natur-Erlebnisweg" oder gelbe „Naturerlebnispfad".

Besonderheiten:

- Ausblicke aufs Wettersteingebirge und ins Karwendel
- 25 kleine Stationen vom Baumtelefon bis zu Wasserspielen
- Isarstausee mit unzähligen Schwänen
- Kieselsteinlehrpfad

Einkehr:

- Mike's Diner www.alpenwelt-karwendel.de/a-mikes-diner
- Gastronomie Krün

Zuganfahrt:

Fahrt mit dem Zug nach Mittenwald oder Kochel; Bus Richtung Wallgau oder Garmisch; Ausstieg in Ortsmitte Krün

Variationen:

Erweiterung zum Isarhorn (zuzüglich ca. 4 km) oder nach Wallgau (zuzüglich ca. 8 km) oder zum Barmsee (zuzüglich ca. 9 km) oder auf den Schwarzkopf (1.150 m) möglich.

Tipps:

- Abenteuerspielplatz Krün
- Märchenweg Wallgau (Nähe Haus des Gastes)
- Rokoko-Kirche St. Sebastian
- Schloss Elmau www.schloss-elmau.de
- Schloss Kranzbach www.daskranzbach.de

Tourist-Info:

Rathausplatz 1
82494 Krün
Tel.: 08825-1094
E-Mail: touristinfo@kruen.de
www.alpenwelt-karwendel.de

B 11
Krün
Wettersteinstraße
Griesweg
Isar
Feldstraße
Erlebnisweg
Abenteuer-
spielplatz
Reiterspitzstraße
Obernachkanal
Hüttlegraben
Hüttlebach-
klamm
Krüner
Wehr
Seinsraut-
bach
Isarstausee
Krün
B 2
Schwanensee
0 100 200 300 m

Klein, aber oho
Vom frechen Finzweibl

ab 4 Jahren

Schwupps, da war es! Oder doch nicht …? Aber jetzt, hier! Nein, auch schon wieder weg … – das Finzweibl hat es in sich! Es ist ein kleiner, frecher Wicht, der seinen Schabernack am liebsten mit nächtlichen Wanderern treibt. So erzählt man es sich zumindest seit langer, langer Zeit. Zahlreiche Wallgauer und Krüner wollen es schon gesehen haben, bevorzugt auf dem Weg vom Wirtshaus nach Hause. Da soll es neben ihnen her getippelt oder in den Bäumen am Wegesrand gesessen sein.

Ganz sicher ist sich jedoch keiner. Denn das Finzweibl ist ein Meister – oder müsste man sagen: eine Meisterin?! – im Versteckspielen! Einem kleinen Kobold sieht es ähnlich, trägt das ganze Jahr über ein Gewand aus naturfarbenen Stoffen. Mal braun, mal grün, mal gräulich, einfach so, damit es sich mühelos unter Wurzeln, Mooshügeln oder Fichtenzweigen verbergen kann. Der Kopf steckt unter einem Hut mit breiter Krempe, den man nach Belieben über das Gesicht ziehen und ganz darunter verschwinden kann.

Die hübschen Steinmanndl sehen aus, als würden sie vom Finzweibl stammen.

Seine perfekte Tarnung gibt das Finzweibl nur selten auf. Eigentlich nur in den heiligen Tagen und Wochen des Jahres, also zum Beispiel im Advent, in der Fastenzeit oder an besonderen kirchlichen Feiertagen. Da konnte es schon einmal passieren, dass ein später Gast aus einem der Wallgauer Wirtshäuser auf seinem Heimweg plötzlich vom Finzweibl begleitet wurde. Mal rechts, mal links, mal vor und zurück, der kleine Kobold ließ sich durch nichts davon abbringen, denjenigen bis zur Finzbrücke zu bringen – um dann wie von Zauberhand von einer Sekunde auf die andere zu verschwinden.

Manch einer behauptete auch, das Weibl hätte ihm aus den Baumwipfeln zugewunken. Nun, wie auch immer, böse mitgespielt hat es keinem, wenn man mal von dem leisen Schrecken absieht, sich mitten in finsterer Nacht in Begleitung von einem kleinen Moorgeist wiederzufinden. Aber ganz ehrlich, falls ihr auch einmal seine Bekanntschaft macht, lasst es mich unbedingt wissen. Zu gern wüsste ich, wo und wie es lebt und was es sonst noch so den lieben langen Tag treibt, das Finzweibl!

Das goldene Landl
Aus der Geschichte von Wallgau und Krün

ab 8 Jahren

Die Geschichte des Werdenfelser Lands – insbesondere der beiden Ortschaften Wallgau und Krün – wurde von vielen sehr unterschiedlichen Einflüssen geprägt. War es in der frühen Eisenzeit von Illyrern besiedelt, kamen etwa 500 v. Chr. die Kelten hinzu und danach die Römer mit ihren Siedlern und Legionären. Im Mittelalter gehörte es den Grafen von Eschenlohe. 1294 aber wurde es von ihnen an das Hochstift Freising verkauft, unterstand damit deren Landesherrschaft, war aber zugleich an das Kloster Benediktbeuern und deren Grundherrschaft gebunden. Durch die Benediktbeurer wurde im heutigen Krün und Wallgau gerodet und gesiedelt. Erst 1491 veräußerte das Kloster Benediktbeuern Wallgau zusammen mit dem Nachbarort Krün an das Hochstift Freising und ein alter Streit zwischen den beiden um die Herrschaft wurde endlich beigelegt.

Die zwei Orte jedoch blieben weiterhin in einer seltsamen Zwischensituation. Einerseits verhalfen die Handelsstraßen nach Italien manchem zu Wohlstand. Auch wurden Silber und Erz in großen Mengen abgebaut, sodass man das Werdenfelser Land bald nur noch das „Goldene Landl" nannte. Zugleich galt die Straße über den Kesselberg nach Kochel am See, die „Via Regia ad Tyrolensis et Italos", als Pilgerweg nach Santiago de Compostela, doch ging die wirkliche wirtschaftliche Veränderung an den beiden Orten zum großen Teil vorbei.

Viele Bewohner waren vielmehr mit der Bewirtschaftung der kargen Äcker und der Holzverarbeitung beschäftigt. Vor allem aber mit der Flößerei, die im 12. Jahrhundert auf der Isar begann und aufgrund der räuberischen Überfälle auf den normalen Handelsstraßen als deutlich sicherer und kostengünstiger galt. Bis nach München und sogar über die Donau nach Österreich und Ungarn reichten bald die Wasserwege. Dabei konnten Menschen und vor allem Waren auf den Flößen transportiert werden, darunter Marmor, Kreide, Kohle und gebrannter Kalkstein. Und natürlich wurden auch Produkte aus Italien weitertransportiert und gehandelt: Seide, Gewürze, Früchte und Olivenöl. Erst im Jahr 1922 fuhr das letzte Floß durch Krün und Wallgau die Isar hinab und ließ damit eine fast 800 Jahre alte Tradition zu Ende gehen.

Stattdessen fließen inzwischen die Besucherströme in die beiden traumhaft schön gelegenen Orte. Was mit der „Sommerfrische" begann, grenzt inzwischen manchmal an „Overtourism", wenn der Durchgangsverkehr an sonnigen Tagen das Werdenfelser Land überlastet. Deshalb lohnt es sich in jedem Fall, hochfrequentierte Ferien- und Feiertage zu vermeiden und wenn möglich Wochentage für den Ausflug zu wählen. Vor allem aber tut es gut, nicht wahllos eine Tour an die nächste zu hängen, sondern sich Zeit und Muße für jede einzelne zu nehmen. Frei nach Johann Wolfgang von Goethe: Verweile Augenblick, du bist so schön! Oder modern formuliert: Vertreibe dir nicht die Zeit – lade sie zu dir ein.

Krepelschrofen bei Wallgau 03

Majestätisch und malerisch schön

3:10 h Gehzeit
9,9 km Länge
383 hm mittel

Ein kleiner Gipfel für Liebhaber großer Panoramablicke

Unscheinbar und schlicht mutet er von unten an, der Krepelschrofen bei Wallgau. Und auf seinem Gipfel residiert auch keine königliche Jagdhütte oder gar Burg, sondern nur ein einfaches Hütterl. Dieses jedoch schenkt jedem Wanderer, ob arm, ob reich, gleichermaßen einen außergewöhnlich herrschaftlichen Ausblick ins Isartal und Karwendel. So lohnt sich diese Tour allemal – ganz gleich, ob man sie in der hier größeren Runde geht oder nur den kleinen 1.160-Meter-hohen Gipfel besucht und dann wieder umkehrt. Übrigens ist sie auch im Winter bei mäßigem Schnee eine herrliche Tour!

Den Anfang nimmt unsere Wanderung beim ▸ ***Haus des Gastes*** am Ende der Zugspitzstraße. Von dort führt ein ▸ ***Fußweg zuerst kurz nach Westen*** und biegt dort, gekennzeichnet durch einen hübschen Schilderwald, ▸ ***nach Norden*** ab. Dem ▸ ***grünen Wegweiser***

Ausladende Kiefern säumen selbstbewusst die malerischen Ausblicke.

„Magdalena-Neuner-Panoramaweg“ kann man sich auf der ganzen Strecke bis zur Berggaststätte Maxhütte getrost anvertrauen. Damit ist der überwiegende Teil der Runde bestens ausgeschildert. 28 Themenschilder berichten dabei vom märchenhaften Werdegang der sensationellen Biathletin aus Wallgau und damit haben wir sozusagen auf anderem Wege majestätische Impressionen, nämlich die der Sportkönigin Magdalena Neuner.

Sehr bald führt ein ▸ ***schmaler Fußweg mit hölzernen Stufen*** in den luftigen Mischwald hinein und kurz steil nach Norden hinan. Allmählich wird der Weg wieder gemütlicher und schlängelt sich vergnügt durch die lichten Bäume. Malerische Ausblicke bieten sich hier südlich oder östlich ins Isartal. Exponierte Kiefern recken sich selbstbewusst ins Bild, als wären sie sich ihres sagenhaften Platzes bewusst. Diese klare und schöne Energie überträgt sich auch auf den Wanderer, der innehält und die Sicht ins Karwendel bewundert.

Nach etwa 20 Minuten bietet sich ein ▸ ***Abzweiger nach links*** an, um zum Krepelschrofen zu gelangen. Dieser ist etwas steiler als der reguläre Weg, der erst noch weiter nach Norden führt, um dann den Aufstieg zum Gipfel geruhsamer anzugehen. Bald säumen dichte Buchenbäumchen den Wurzelpfad, dann wieder öffnet er sich alten Laubbäumen und einem weiteren traumhaften Blick ins

Tal. Zahlreiche Bänke laden zudem zum Verschnaufen ein, bis man nach ca. einer Stunde die ▸ ***halboffene Hütte unterm Gipfel*** erreicht.

Ausgiebig kann man nun die Augen schweifen lassen. Über die massiven Bergketten des Wettersteins, das leuchtend türkisblaue Band des Isarkanals, die idyllischen Ortschaften Wallgau und Krün, über Wiesen und Wälder … Und ausgiebig Rast machen lässt es sich hier auch hervorragend.

Ob manch einen dabei jenes seltene Glück ereilen wird, wie ich es bei meiner Ersterkundung dieser Runde im Dezember hatte, kann ich leider nicht versprechen. Ich war ohne Proviant gestartet, weil mir die Tour recht leicht erschien, und hatte diesen Entschluss sehr bald bereut. Ich sah mich schon die drei bis vier Stunden dürstend dahinkriechen – doch stattdessen stand ich im Gipfelhäuschen einer fröhlichen Feierrunde von Senioren gegenüber, die hier an diesem Tag ihre Adventsfeier begingen. Kurzum, ich habe noch nie eine so reichhaltige Bergmahlzeit mit Ingwertee, Glühwein, Plätzchen und Lebkuchen genossen wie an diesem Tag!

Vom Bettler zum König geadelt, so fühlte ich mich in diesem Moment. Ein Vergleich, der uns auch schon zu der kleinen Geschichte führt, die ich für diese Runde ausgewählt habe und die davon erzählt, wie auch ein einfacher Mensch in sich ein edles, königliches Gemüt tragen kann **Geschichte S. 36**.

Sehr unscheinbar wirkt der Krepelschrofen von unten, klein aber oho!

Für alle trittsicheren Wanderer gibt es übrigens die Gelegenheit, von der Hütte noch ein kleines Stückerl nach Norden zu einem weiteren Aussichtspunkt zu gelangen. In jedem Fall jedoch wartet für den ► ***Abstieg*** zuerst einmal ► ***der Weg auf uns, der uns hinaufgeführt hat***. Wer zur Maxhütte weitergehen möchte, sollte nun der ► ***Beschilderung nach links*** folgen, bis der Abzweiger des Panoramaweges in Richtung Maxhütte weist.

Nun läuft der Weg entspannt leicht bergab ► ***nach Norden***, erreicht nach insgesamt ca. 1,5 Stunden die B11 und begleitet sie 300 Meter lang auf einem Fuß- und Radlweg, bis auf ► ***östlicher Seite die Beschilderung*** wieder bergan zur Gaststätte weist. Hier stoßen wir übrigens auf den ► ***Geologischen Rundwanderweg*** von Wallgau, der mit seinen Schautafeln Spannendes von Buckelwiesen, Drumlins und Dolinen zu erzählen weiß – und auch an seltenen Tumuli vorbeiführt, spitzen Hügeln, die der letzten Eiszeit zu verdanken sind.

Nach rund zwei Stunden Gehzeit sind wir bei der ► ***Maxhütte*** angelangt und können hier noch einmal bei einer deftigen Brotzeit die Weite über Wallgau genießen. Wer mag, kann gleich dem ► ***Fahrweg zurück in den Ort*** folgen oder eine kleine Runde übers Barmer Eck nach Osten drehen und schließlich etwas weiter unten auf die Zufahrt der Hütte stoßen. Ist die ► ***Risser Straße*** erreicht, folgen wir ihr ***Richtung Südost***, bis wir auf eine weitere Stra-

Ein zusätzlicher Tipp für alle Grimm-Freunde: der originelle Märchenweg von Wallgau

Auch im Winter erfreut die Runde mit hübschen Landschaftsmotiven.

ße stoßen. Diese überqueren wir und gehen einen ► ***Fußpfad zwischen Felsen und Bäumen weiter in südlicher Richtung***, der uns zur ► ***Schöttlstraße*** bringt.

Ihr folgt man kurz nach Westen und hat nun zwei Möglichkeiten, die Tour zu beenden:

Die ► ***kürzere Variante*** wählt die ► ***Schöttlstraße*** weiter westlich, dann kurz Richtung Süden in die ► ***Flößerstraße***, dann in die ► ***Soiernstraße*** am Friedhof vorbei nach Westen, an der ► ***Mittenwalder Straße*** Richtung Krün entlang bis zur ► ***Wettersteinstraße und dort in die Zugspitzstraße*** bis zum Ausgangspunkt (insgesamt ca. 8,3 km, ca. 2:50 h Gehzeit).

Die ► ***längere Variante*** folgt gleich der ► ***Kalkbrennerstraße nach Südost Richtung Isarsteg*** und biegt vor dem Flussbett nach ► ***rechts in einen Feldweg*** entlang des Finzbachs ein. Ist der Bach ausgetrocknet, kann man auch auf der südlichen Seite bis zur ► ***Mittenwalder Straße*** gehen. Diese ► ***überquert*** man, folgt der ► ***ausgeschilderten Forststraße Richtung Märchenweg***, vorbei an einem einladenden Spielplatz, bis uns ► ***zweimal die Schilder nach rechts*** zu unserem Startpunkt am Haus des Gastes lotsen (insgesamt ca. 9,9 km, ca. 3:10 h Gehzeit).

Krepelschrofen bei Wallgau

3:10 h Gehzeit | 9,9 km Länge | 383 hm | mittel

Ausgangspunkt in 82499 Wallgau:

Haus des Gastes, Zugspitzstraße 11

Weg:

Ganzjährig möglich, überwiegend sonnig, bei Schnee Trittsicherheit erforderlich. Bis Maxhütte sehr gut mit grünen Schildern ausgewiesen als „Magdalena-Neuner-Panoramaweg"; danach teilweise mit gelben Schildern.

Besonderheiten:

- Ausblick ins Isartal und Karwendel
- halboffene Hütte am Gipfel
- Infoweg zur Biathletin Magdalena Neuner
- Geologischer Rundwanderweg

Einkehr:

- Maxhütte www.alpenwelt-karwendel.de/a-maxhuette
- Gastronomie Wallgau

Zuganfahrt:

Fahrt mit dem Zug nach Kochel oder Garmisch, Bus nach Wallgau „Rathaus" (Start von dort)

Variationen:

Die Tour lässt sich auf den Krepelschrofen verkürzen oder ab der Maxhütte innerhalb von Wallgau in verschiedenen Varianten beenden (siehe Wegbeschreibung im Text). Die Runde kann mit dem Isar-Weg nach Krün verlängert werden.

Tipps:

- Wallgau mit Lüftlmalerei
- Pfarrkirche St. Jakob (Jakobsweg)
- Geologischer Rundweg
- Bei Schnee 150 km Loipe

Tourist-Info:

Mittenwalder Straße 8
82499 Wallgau
Tel.: 08825-925050
E-Mail: touristinfo@wallgau.de
www.alpenwelt-karwendel.de

Sachensee
B 11
Fahrenberg
1.074 m
Obernachkanal
Geologischer
Rundweg
Maxhütte
Barmer Eck
Krepelschrofen
1.160 m
Risser Straße
Schöttlstraße
Sonnleiten
Soiernstraße
Sonnleiten
Zugspitzstraße
Wettersteinstraße
Wallgau
Isarstraße
Floßbühne
Wallgau
Haus d.
Gastes
Wallgau
agdalena-
Neuner-
noramaweg
Finzbach
Isar
0 100 200 300 m

Heute ist heute
Von dem Schuhflicker mit dem edlen Herzen

ab 6 Jahren

Es gibt Geschichten, die einen irgendwie sofort ins Herz treffen, wenn man sie das erste Mal hört. „Heute ist heute" ist so eine. Eigentlich stammt dieses jüdische Märchen aus Afghanistan und hat doch seinen Weg bis zu uns gefunden. Mir ist es über die österreichische Erzählerin Frau Wolle begegnet, die es unter dem Titel „Morgen ist morgen" in einem herrlich gestalteten Buch verewigt hat (siehe Literaturtipps). Es ist mir eine große Freude, diese Geschichte in meiner Erzählweise mit in dieses Büchlein aufnehmen zu können!

Es lebte einst ein kluger König, der wissen wollte, was in seinem Reiche vor sich ging. So verkleidete er sich einmal im Jahr als Bettler und zog unerkannt durchs Land. Voller Eindrücke war er auch diesmal auf dem Rückweg zur Königsstadt, als er in der abendlichen Dunkelheit ein kleines Häuschen erleuchtet sah und beschloss, hier noch einmal hineinzusehen. Durchs Fenster erblickte er einen armen Mann mit seiner Frau beim Abendessen sitzen – kurzerhand klopfte er an.

Der Mann öffnete und fragte freundlich: „Wer bist du und was möchtest du?"

„Verzeih, wenn ich einfach anklopfe", sprach der verkleidete König, „aber ich bin nur ein armer Bettler und es ist kalt. Ob ich mich wohl ein bisschen bei euch aufwärmen könnte?" „Aber freilich", gab der Mann zurück und lud ihn an ihren Tisch ein.

So aßen und tranken sie zusammen und redeten über Gott und die Welt. „Weißt du", sagte der Mann, „ich bin ein einfacher Schuhflicker und hab gerade das, was ich zum Leben brauche. Aber das macht mich glücklich! Was brauche ich schon mehr?!"

„Aber", warf der König ein, „wenn du einmal nicht mehr genug Geld für euch beide verdienen kannst, was machst du dann? Und wovon wollt ihr leben, wenn ihr alt oder krank seid?" „Warum soll ich mir darum jetzt Gedanken machen?", fragte der Schuhflicker. „Weißt du: Heute ist heute und morgen ist morgen. Gott sei gesegnet für jeden neuen Tag. Was soll ich mir da unnötige Sorgen machen! Komm iss und trink mit uns, es ist genügend da!"

Eine Weile blieb der König noch, dann verabschiedete er sich in die Nacht und ging sehr nachdenklich in seinen Palast zurück.

Am nächsten Morgen jedoch, als der Schuhflicker in die Stadt kam, wurde er aufgehalten. Der König habe ab sofort das Reparieren von Schuhen verboten, hieß es. Da wurde der Schuhflicker einen Moment ratlos. Was sollte er jetzt tun?

Doch er musste nur kurz überlegen. Denn es war Winter und die Menschen brauchten Holz zum Heizen. „Na, dann hol ich mir eben meine Axt und biete mich als Holzhacker an", dachte er sich und tatsächlich hatte er binnen weniger Minuten reichlich zu tun.

So kam es, dass er am Abend wieder genug Geld verdient hatte, um sich und seiner Frau ein kleines Mahl kaufen zu können. Sie saßen nicht lange am Tisch, als es klopfte und der Bettler wieder vor der Türe stand.

„Verzeih, es ist so kalt draußen! Ob ich mich wieder ein bisserl bei euch aufwärmen kann", fragte er. „Aber natürlich", antwortete der Schuhflicker. „Komm rein und sei unser Gast. Denn was für uns zwei langt, langt auch für drei."

Wieder aßen und tranken sie miteinander und redeten über Gott und die Welt. „Gestatte mir eine Frage", sagte der verkleidete König. „Ich habe gehört, dass heute das Schuhflicken verboten wurde. Wie konntest du dann dein Geld verdienen?"

Der Schuhflicker nickte nur und erzählte seine Geschichte. „Ja, aber was machst du denn, wenn morgen das Holzhacken verboten würde?", dachte der Bettler laut nach. „Ach, warum soll ich mir darum jetzt Gedanken machen?", sagte der Schuhflicker nur. „Du weißt ja: Heute ist heute und morgen ist morgen. Gott sei gesegnet für jeden neuen Tag. Was soll ich mir da unnötige Sorgen machen! Komm iss und trink mit uns, solange noch genug da ist!"

Sie hatten es noch recht heiter miteinander, bis sich der verkleidete König wieder auf den Heimweg in den Palast machte. Und auch diesmal war er sehr nachdenklich ...

Der Schuhflicker aber schnappte sich am nächsten Morgen seine Axt und wollte damit das Stadttor passieren. „Halt! Stehengeblieben!“, wies ihn eine harsche Stimme an. Es war einer der Palastwachen, der ihn mit gezücktem Speer aufhielt: „Versuchst du gerade mit einer Axt die Stadt zu betreten?“ „Ja, warum?“, fragte ihn der Schuhflicker arglos.

„Weil laut königlicher Anordnung das Holzhacken unter Strafe steht! Ein jeder, der hier mit einer Axt in die Stadt kommt, wird sofort zur Palastwache rekrutiert. Also, auf geht's! Mitkommen!“

Etwas benommen gab der Flickschuster seine Axt ab und trottete dem Soldaten hinterher. Dieser zog ein Schwert aus einem Verschlag und drückte es dem verdutzten Handwerker in die Hand: „Hier. Ab sofort wirst du am Stadttor Wache stehen!“

So blieb dem Schuhflicker nichts anderes übrig, als den ganzen Tag seinen Dienst zu verrichten – und vor allem am Abend ohne Lohn den Heimweg anzutreten. „Ach Gott, was mach ich nur?!“, betete er bei sich. „Ich habe heute kein einziges Geldstück verdient. Wie soll ich uns etwas zum Essen kaufen? Und was mache ich, wenn der Bettler wiederkommt? Schließlich ist uns die Gastfreundschaft heilig ...“

Als ob er einer Eingebung folgen würde, lenkte ihn sein Nachhauseweg an einem Schmied vorbei – und dort kam ihm der rettende Gedanke. Er betrat die Werkstatt und zeigte ihm sein Schwert. Der Schmied trennte den Griff von der Schneide und gab ihm gutes Geld dafür. Beschwingt und Gott im Herzen dankend trat der Schuhflicker den Heimweg an und konnte sogar noch ein fürstlicheres Mahl einkaufen als sonst. Und kaum zu Hause angekommen, schnitzte er sich eine Schneide aus Holz und verband sie gekonnt mit dem Griff ...

Es dauerte nicht lange, da klopfte erneut der Bettler an der Türe und der Handwerker bat ihn freudestrahlend herein. Der verkleidete König aber staunte über all die Köstlichkeiten und wollte freilich wissen, wie der Schuhflicker sie bezahlt hatte. Dieser erzählte ihm seine Geschichte und der König wurde sehr nachdenklich: „Ja, aber was machst du, wenn du dein Schwert morgen vorzeigen musst?!“

„Nun, solange es in der Scheide steckt, sieht es ja keiner“, schmunzelte der Schuhflicker. „Drum, warum soll ich mir um alles Weitere Sorgen machen? Heute ist heute und morgen ist morgen. Gott sei gesegnet für jeden neuen Tag. Komm iss und

Bis weit ins nördliche Isartal reicht die Sicht vom Krepelschrofen aus.

trink mit uns, es ist diesmal mehr als genügend da!“

Sie redeten noch eine Weile und schließlich verließ sie der verkleidete König noch nachdenklicher als sonst …

Am Morgen des nächsten Tages wurde der Schuhflicker schon am Palasteingang erwartet: „Hey du, komm mit! Heute kannst du zeigen, ob du ein echter Mann bist!“ Zögerlich folgte der Schuhflicker dem Soldaten, der ihn ins Innere des Palasthofes führte.

„Dir wird heute eine der größten Ehren zuteil! Du darfst einen königlichen Befehl ausführen. Siehst du den Mann dort in Ketten?! Er ist ein elendiger Dieb und der König hat ihn zum Tode verurteilt.“ Der Schuhflicker sah zu dem Gefesselten hinüber. Er hatte Mitleid mit ihm, denn er wusste, wie schnell die Not eines Menschen so groß werden konnte, dass er sich nur noch mit Stehlen zu helfen wusste.

Da wurde der Ton des Soldaten noch strenger: „So, und du wirst jetzt sein Henker sein! Nimm dein Schwert und schlage ihm den Kopf ab!“

Der Schuhflicker erblasste: „Was? Ich … ich soll …?! Nein, das kann ich nicht! Ich bin ein Handwerker, aber kein Henker!“ Mit angstvollen Augen sah er, wie immer mehr Volk in den Innenhof strömte, um dem schaurigen Schauspiel beizuwohnen. Bedrohlich richtete sich der Soldat vor ihm auf: „Los jetzt! Du bist dran.

Schwinge dein Schwert und töte ihn – sonst wird es dir schlecht ergehen!“

Da schickte der Schuhflicker in seinem Herzen ein Stoßgebet in den Himmel: „Ach Gott, was soll ich nur tun? Dieser Mann verdient die Strafe des Todes nicht! Und ich soll sie auch noch ausführen. Bitte hilf mir! Bitte ...!“

Auf einmal wurde dem Schuhflicker klar, was es zu tun galt. Mutig trat er nach vorne in die Mitte. Die aufgeregte Menge verstummte. Da reckte der Handwerker seine Hände zum Himmel und rief: „Gott, der du bist der einzige Richter hier auf Erden! Ich bringe diesen Mann vor dich, der beim Stehlen erwischt wurde. Nur du kannst in sein Herz sehen und weißt, ob er die Strafe des Todes verdient hat. Entscheide du, Allmächtiger und Gütiger im Himmel! Ist dieser Mann schuldig, dann soll ihn mein Schwert mit aller Härte treffen. Ist er aber unschuldig, so soll es in diesem Augenblick zu Holz werden ...“

Der Schuhflicker zog das Schwert aus der Scheide, stieß es in den Himmel und – oh Wunder – es war ganz aus Holz! Die Menge erkannte es sofort und stieß Jubelschreie aus. Denn für sie war es ein ganz und gar himmlisches Urteil, das den vermeintlichen Dieb begnadigt hatte.

Während der Schuhflicker auf die Knie gefallen war und dankbar zu Gott betete, trat der König auf den Platz und ließ die Menge verstummen.

„Seht her“, sagte er, „seht diesen einfachen Mann, der so ein mutiges und edles Herz in sich trägt!“ Da blickte der Schuhflicker auf und erkannte in dem König den Bettler, den er die letzten Abende bewirtet hatte.

„Seht diesen einfachen Schuhflicker“, wiederholte der König. „Er hat so viel Gottvertrauen und Gewitztheit bewiesen, wie ich es bei noch niemandem erlebt habe. Er soll von nun an mein wichtigster Berater am Hof werden. Denn ich denke, dass ich von ihm noch so manches lernen kann.“

Da fielen sich beide Männer in die Arme.

Der Schuhflicker aber zog mit seiner Frau in den königlichen Palast. Er wurde zum engsten Vertrauten des Königs, und fortan regierten Weisheit, Gerechtigkeit und Klugheit das ganze Land.

Illing-Runde bei Ohlstadt 04

Vielfaches Gipfelglück für Goldsucher

2:55 h Gehzeit
6,2 km Länge
640 hm schwer

GPS

Mit etwas Glück hat man den Gipfel für sich allein: der Große Illing.

Vor langer, langer Zeit stand hier einmal eine der ältesten Hochburgen Süddeutschlands. Heute sind nur noch Überreste von ihr zu finden, die auf ihre wechselhafte Geschichte hindeuten. Sie laden dazu ein, die beiden wenig begangenen Gipfel darüber zu erklimmen, den Kleinen und den Großen Illing, und ihre weitschweifenden Ausblicke ins Loisachtal und Murnauer Land sowie aufs Wettersteingebirge und die Ammergauer Alpen zu genießen.

Mehrere Parkplätze in Ohlstadt bieten sich als Startpunkt an, insbesondere der ▸ *Wanderparkplatz für den Heimgarten*. Am ▸ *östlichen Ende der Heimgartenstraße* angelangt, kann man bei einem ▸ *Gatterl gleich rechts* den Aufstieg entlang der Kaltwasserlaine beginnen. Der Weg ist an dieser Stelle zwar nicht ausgeschildert, doch die Brücke wenige Meter dahinter schon zu erkennen.

Wildromantisch geht es neben dem munteren Lauf der Kaltwasserlaine bergauf.

Es lohnt sich, diesen ► ***Pfad neben dem Bach*** zu wählen, denn er führt wahrlich verwunschen schön an buckligen Felsen vorbei, an kleinen Wasserfällen, grüngelben Gumpen und moosbewachsenen Steinen. In etwa eineinviertel Stunden steigt man hier rund 440 Höhenmeter hinauf. Stets eröffnen sich neben dem Weg neue Felsformationen sowie Ausblicke auf die umliegenden Berghänge und Gipfel.

Kaum zu glauben, dass hier im Jahr 2018 ein Herbststurm massive Schäden im Wald verursacht hat. Als hätte ein Riese dort Mikado gespielt, so waren die Bäume entwurzelt und abgeknickt und hatten die Wege unbegehbar werden lassen. Fleißige Holzarbeiter haben inzwischen fast alle Spuren dieses verheerenden

Unwetters beseitigt, sodass der Weg wieder zu den schönsten Aufstiegen im Oberland gehört.

Wer im Herbst durch diesen herrlichen Mischwald wandert, wird sich an den unterschiedlichen Gold-, Ocker- und Brauntönen nicht sattsehen können. Kein Wunder, dass es in kaum einem anderen Gebiet so viele Sagen um Goldquellen und Schätze in den Bergen gibt wie hier **Geschichte S. 48**.

Wer beim Aufstieg übrigens einmal einen zu frühen Abzweiger erwischt, der ihn auf den normalen Wanderweg zurückführt, der halte einfach die Augen offen. Sehr bald zweigt bestimmt wieder ein ▶ ***schmaler Pfad in Richtung Kaltwasserlaine*** ab. Dort geht es über Wurzelwerk und Felsgestein fröhlich rauf und runter, dabei auch an einer Wasserkraftanlage vorbei, bei der vor allem mit Kindern ein entsprechender Abstand zu wahren ist.

Schließlich erreichen wir eine ▶ ***große Weg- und Bachkreuzung*** und orientieren uns ▶ ***linkerhand nach Norden***. Der Waldweg trifft hier nach wenigen Metern auf den eigentlichen ▶ ***Weg Richtung Heimgarten und Rötelstein***. Wir folgen dieser gelben Beschilderung – aber wiederum nur erneut ca. 100 Meter an einem Kiesplatz vorbei. Denn danach zweigt schon – ohne einen weiteren Hinweis – ▶ ***ein schmaler Pfad links*** in den Wald ab, unser eigentlicher Weg zum Illing, der auch im Folgenden ohne ein einziges Schild auskommen wird. Das heißt, wer hier unterwegs ist, sollte einen guten Orientierungssinn haben.

Gut 100 Höhenmeter klettert der Weg nun moderat bergan. Westlich von uns taucht eine Felswand auf, darin ein großes Kruzifix, das durch die Zweige der Bäume herüberleuchtet.

Wir steigen ▶ ***weiter nach Norden*** auf, bis der Weg ▶ ***nach links*** über etwas ausgesetzte Felsen auf den Ersten unserer heutigen ▶ ***Gipfel*** führt, den Großen Illing auf 1.313 Metern Höhe. Ausladende Laubbäume bieten auch an heißen Sonnentagen herrlich Schatten und eine wahre Genussschau. Es ist ein wundervoller Ort, um in Ruhe zu verweilen und aufzutanken. Hier kann man den Blick von der Zugspitze hinüber bis zum Staffelsee und dem Hohenpeißenberg dahinter wandern lassen.

Nach ausgiebiger Rast lockt noch einmal ein zweiter Gipfel, der zweite Illing (1.062 m), etwa eine halbe Stunde entfernt und rund 260 Höhenmeter tiefer gelegen. Dabei gehen wir kurz die ▶ ***letzten***

Meter von unserem Anstieg zurück, an einer bizarr schönen Buche vorbei und biegen dann ▸ ***links*** ab. Oberhalb des Felsengrates schwingt sich unser ▸ ***Weg nun hinab***, hübsche Ausblicke rechts und links inklusive. Schließlich erreichen wir eine ▸ ***Forststraße***, die wir kurzerhand überqueren und dann die letzten Meter bis zum ▸ ***Kleinen Illing*** nehmen.

Ohlstadt und das Hörnle liegen uns hier zu Füßen, daneben noch einmal Murnau und der Staffelsee. Sehr oft hat man diesen Gipfel für sich alleine und damit die Gelegenheit, tief durchzuatmen, bewusst die Erde unter sich zu spüren und sich dem Blau des Himmels zu öffnen.

Der weitere Abstieg geht zuerst über die ▸ ***Forststraße*** etwa 200 Meter ▸ ***in südöstlicher Richtung***, dann über einen ▸ ***Pfad rechts weg immer talwärts***. Hier splitten sich immer wieder Wege auf, die allesamt nach Ohlstadt führen, mal breiter und befestigt, mal schmäler und etwas holprig. Wichtig ist nur, den ▸ ***Abzweiger zur Veste*** nicht zu verpassen (grünes Schild auf westlicher Baumseite), der ungefähr auf 850 Höhenmetern ziemlich unspektakulär nach Norden weggeht. Vom Kleinen Illing aus ist er etwa nach einer halben Stunde erreicht.

Ein ▸ ***angenehmer Waldpfad*** lotst uns zuerst eben dahin, bis wir die ▸ ***Treppe zum Burgstall*** erreichen. Schnell ist sie erklommen und führt auf ein überwachsenes Plateau, das von einigen tiefen Höhlen, einer massiven Buche und einem großen Gipfelkreuz gekennzeichnet ist. Zwar braucht es ziemlich viel Vorstellungsvermögen, vor dem inneren Auge aus den Steinresten noch eine Burg erstehen zu lassen, doch lässt die Sicht nach fast allen Seiten erahnen, wie herrschaftlich das Gebäude der Schaumburg einst gestanden haben muss **Geschichte S. 50**.

Von hier aus ist der Startpunkt der Runde dann flugs wieder erreicht. Dabei ist es jedem selbst überlassen, ob er noch einmal die letzten Meter an der ▸ ***Kaltwasserlaine entlanggehen*** mag oder den ▸ ***Forstweg*** nimmt. Ein in manchen Karten eingezeichneter Weg nordöstlich um die Burgruine herum ist jedoch nicht mehr zu empfehlen, da er zwar anfangs noch begehbar, aber nach kurzem Abschnitt völlig zugewuchert ist.

Viel empfehlenswerter sind am Ende der Tour hingegen zahlreiche interessante Plätze in Ohlstadt selbst: Da wäre das einstige

Eine hübsche Erweiterung der Tour bildet dieser Bohlenpfad zum Rötelstein

Wohnhaus des Malers Friedrich August Kaulbach, das heute als Museum buchstäblich malerische Rückblicke in die Vergangenheit schenkt. Oder die nach historischem Vorbild errichtete Schleifmühle oberhalb der Ortsmitte, die von Ohlstadts Vergangenheit als Zentrum der Wetzsteinmacherei erzählt, als dort 19 Steinbrüche und 24 Schleifmühlen in Betrieb waren; noch heute kann man einen der Wetzsteinbrüche im Nordosten des Ortes beim Wasserfall erwandern. Empfehlenswert sind natürlich auch die Besuche des Landgestüts Schwaiganger, des Freilichtmuseums Glentleiten oder des Pumuckl-Museums in der Bartlmämühle. – So bekommt die Tour zu den beiden wundervollen Gipfeln im Nachklang noch weitere Höhepunkte geschenkt. Und vielleicht lässt sich dabei auch manch bisher Ungesehenes entdecken, so wie es unsere kleine Schlusssage erzählt **Geschichte S. 52**.

Illing-Runde bei Ohlstadt

2:55 h Gehzeit | 6,2 km Länge | 640 hm | schwer

Ausgangspunkt in 82441 Ohlstadt:

Parkplatz am Ende der Heimgartenstraße oder am Rathausplatz

Weg:

Nur bei trockenem, schneefreiem Wetter zu empfehlen. Schwindelfreiheit und Trittsicherheit erforderlich.
Beschilderung nur zur „Veste" (Burgruine), zum Heimgarten oder zum Rötelstein; sonst nicht ausgewiesen.

Besonderheiten:

- Zwei Gipfel
- Pfad entlang des Bachbetts mit kleinen Wasserfällen und Gumpen
- Ausblicke auf das Loisachtal und das Wettersteingebirge
- Burgruine Veste Schaumburg

Einkehr:

- Gastronomie Ohlstadt

Zuganfahrt:

Fahrt mit dem Zug nach Murnau, Bus 9611 nach Kochel am See, Ausstieg „Ohlstadt Ortsmitte", Fußweg zum Startpunkt ca. 15 min

Variationen:

Der Illing ist eher für Geübte mit Trittsicherheit geeignet. Wer nicht trittsicher ist, kann den Bachweg hinaufgehen und dann den breiten Wanderweg wieder hinuntergehen und die beiden Gipfel auslassen. Verkürzen lässt sich die Runde sehr gut mit der Veste bzw. nur mit dem Aufstieg zum Kleinen Illing.
Erweiterungen der Runde sind mit dem Rötelstein (1.395 m) oder dem Heimgarten (1.791 m) bzw. dem Rauheck (1.590 m) möglich. Auch kann man zum Wasserfall und dem Wetzsteinbruch im Nordosten von Ohlstadt einen Abstecher machen (insgesamt ca. 5 km zusätzlich).

Tipps:

- Schleifmühle nahe der Ortsmitte und Wetzsteinbruch in ca. 2 km Nähe
- Kaulbach-Villa www.ohlstadt.de/de/kaulbachvilla.html
- Pfarrkirche St. Laurentius
- Weichser Kirche St. Georg
- Pumuckl-Museum in der Bartlmämühle www.pumuckl-museum.de
- Freilichtmuseum Glentleiten www.glentleiten.de

Tourist-Info:

Rathausplatz 1
82441 Ohlstadt
Tel.: 08841-671250
E-Mail: gaeste-info@ohlstadt.de
www.ohlstadt.de

Ohlstadt
Burgstall Schaumburg
Vestkreuz
Kleiner Illing
1.062 m
Großer Illing
1.373 m
1.017 m
GPS
Hingmoosgraben
Schwarzraingraben
Kaltwasserlaine
0
100
200
300 m

Gold über Gold

Von den Schätzen rund um den Heimgarten

ab 6 Jahren

Früher einmal trafen sich die Menschen auf dem Heimgarten, um dort Verträge, Erbschaften oder Hochzeiten auszuhandeln. Zugleich galt er weitum als einer der reichsten Schatzberge, denn er sollte, den Erzählungen nach, die größten Reichtümer in seinem Inneren verstecken.

Vielfache Goldadern würden diesen Berg durchziehen und wer sie fände, wäre ein gemachter Mann. Auch von verschiedenen Goldquellen wird erzählt. Eine davon soll auf halbem Weg hinauf bei einer verfallenen Almhütte beständig Goldsand hervorbringen, so groß wie Gerstenkörner! Und nahe der Kaseralm habe es gar eine Quelle gegeben, die im 18. Jahrhundert dem Schlehdorfer Propst Leonhard dazu verholfen habe, für die Klosterkirche eine Monstranz aus purem Gold zu beschaffen.

Besonders liebevoll gestaltet ist das Gipfelkreuz auf dem Großen Illing.

Solche Geschichten lockten natürlich auch Goldsucher in die Berge. Ein armer Schlucker, der Bauer Joseph Hägle, habe auf dem Friedhof einmal ein seltsames Männlein getroffen, das versprach, ihm die versteckten Schätze zu zeigen. Noch in derselben Nacht ging er mit dem Wicht im eisigen Winter hinauf zur Kaseralm und traf dabei auf einen unheimlichen Fremden in Jägerbekleidung, der den Bauern aber eher an den Teufel denn an einen Waidmann erinnerte. Er wollte schon aus Angst fliehen, doch zuerst verriet das eigenartige Männlein ihm noch die besagte Stelle. Dann verschwand es auf mysteriöse Weise.

Sobald sich der Schnee im nächsten Frühjahr zurückgezogen hatte, kam der Bauer Hägle mit zwei Freunden zurück und sie gruben eifrig in den Fels hinein. Doch sie fanden nichts. Umso verbissener gruben und gruben und gruben sie. Weiter und weiter und weiter ...

Sie kümmerten sich nicht mehr um ihre Habe und ihre eigentliche Arbeit, sodass sie bald verarmten und der Sage nach vor Hunger, vor unstillbarem Goldhunger starben.

Ein anderes Goldbrünnlein, so sagte man, flösse nur in Vollmondnächten zur Geisterstunde vom Rötelstein hinab. Zwei unselige Wirtshausfreunde beschlossen deshalb, dort ihr Glück zu versuchen und stiegen beim nächsten Vollmond zur Rötelwand hinauf. Tatsächlich schienen sie am Ziel ihrer Wünsche angekommen zu sein, als sie ein goldenes Bächlein über den Felsen laufen sahen. Sie füllten ihre Flaschen bis obenhin und kehrten mit bester Laune ins Tal zurück, einen geruhsamen, genussvollen Lebensabend vor Augen. Doch als sie daheim ihr Glück überprüfen wollten, fanden sie nur schlichtes Wasser in ihren Behältern. Wahrscheinlich hätten die geweihten Sprüche der Mönche gefehlt, mutmaßten sie über ihr Unglück.

Weil sich aber „Unberufene" am Goldfluss zu schaffen gemacht hätten, soll dieser auch für das Schlehdorfer Kloster versiegt sein. Den Mönchen sei daraufhin so schnell das Geld ausgegangen, dass es ihnen nicht einmal mehr gelungen sei, die Türme ihrer Kirche fertig zu bauen.

Nun, wohl dem, der sein Leben auf andere Reichtümer gründet als vermeintliche Goldadern und Goldquellen.

Räuber, Grafen und wilde Geister
Aus der Geschichte der Veste Schaumburg

ab 6 Jahren

Würden sie nicht von einem Schild gekennzeichnet, würde man die Mauerreste auf dem kleinen 903 Meter hohen Felsen wohl gänzlich übersehen, die sogenannte „Veste Schaumburg". Im 5. Jahrhundert n. Chr. wurde sie als eine Holzburg von den Skyren erbaut und mit dem Namen „castum skoyenbrug" versehen. Zu ihrer Zeit war sie die älteste Hochburg Süddeutschlands. Doch bald schon begann eine sehr wechselhafte Geschichte:

Rund um das Jahr 1110 wurde die Burg jahrzehntelang belagert, und zwar vom Bischof von Freising. Allerdings blieben alle seine Bemühungen vergeblich, sodass sie um 1190 an das Eschenloher Geschlecht überging und nach dessen Aussterben Ende des 13. Jahrhunderts in den Besitz des Ulrich von Schaumburg kam. In dieser Zeit wurde die „zerprochen Feste Schönwenperch" schmuck und trutzig wiederaufgebaut. So hätte sie wohl einer erneuten Belagerung 1414 standgehalten, wenn Münchner Schützen und Söldner sie nicht elf Wochen lang mit zwei Kanonen beschossen hätten – das vorläufige Ende der einst prachtvollen und exponiert gelegenen Anlage.

Nun aber witterte der Straßenräuber Schneeberger seine Chance. Er übernahm mit seinen rauen Gesellen kurzerhand die Ruine, ließ sich dort nieder und überfiel von dort aus Kaufleute und Warentransporte. Lange währte ihr übles Handwerk jedoch nicht und ihre unrühmliche Geschichte endete in Murnau, wo sie hingerichtet wurden.

Das war jedoch noch lange nicht das Ende der Burgruine. 1417 ließ Gebhart von Chamer die Burg wiederaufbauen und – obwohl sie 1482 bereits als Burgstall, also als verkommener Rest einer Burgruine, bezeichnet wurde – wurde sie drei Jahre später für 500 rheinische Gulden an den Pfleger der Grafschaft Werdenfels, Oskar von Weichs, verkauft. Für schließlich 850 Gulden ging die Hofmark Ohlstadt mit der Ruine dann 1493 ans Schlehdorfer Kloster über. 1898 erstand der Hubauer aus Weichs die Veste, von der heute nur noch die unterirdischen Gänge sichtbar sind.

Knorrige Wurzelwege schwingen sich zu den entlegenen Gipfeln hinauf.

Sehr lebendig ist hingegen die Geschichte vom Geist auf der Skorzenburg, wie die Veste auch genannt wurde. Bei der Vernichtung der Burg im Jahre 1414 habe auch der widerspenstige Burgherr den Tod gefunden. Unversöhnt würde seither sein Geist in den geplünderten und zerschlagenen Mauern seiner einst stolzen Burg umgehen und die Schätze in ihren Tiefen bewachen.

Einst ließ sich der Holzknecht Rautner vom Wilderer Anderl verleiten, mit ihm in die unergründlichen Gänge des Burgstalles hinabzusteigen und nach Gold und Silber zu suchen. Gerade als sie eine schwere Eisentüre öffnen wollten, vernahmen sie jedoch eine furchterregende Stimme, die ihnen „Gleich, gleich!" zurief. Voller Angst stolperten sie ins Freie, dankbar dem unheimlichen Geist noch einmal entkommen zu sein.

Mit Verwunderung und schließlich Entsetzen bemerkten sie jedoch, dass sie die Stimme ganz unterschiedlich gehört hatten. Für den Holzknecht hatte sie klar und hell geklungen – ein gutes Zeichen, wie man sich erzählte. Der Wilddieb jedoch hatte sie dumpf und tief vernommen – die Voraussage schweren Unglücks. So fand er der Erzählung nach schon am nächsten Tag den Tod, als er auf der Flucht vor Jägern in einen jähen Abgrund stürzte.

Vor dem Geist auf der Skorzenburg muss man sich heute wohl weniger fürchten. Bei der Wanderung entlang der steilen Felswände und Abbrüche aber darf man durchaus auch heute auf der Hut sein und für die herrlichen Ausblicke lieber den Moment abwarten, wenn man sich geruhsam auf einem sicheren Plätzchen niedergelassen hat.

Wie von Zauberhand gemalt
Das Marienbild in Ohlstadt

ab 4 Jahren

Manchmal geht man schier tausendmal an etwas vorbei und nichts Ungewöhnliches begegnet einem. Manchmal wiederum kann das tausendunderste Mal alles verändern. So erging es einem Bauern aus Ohlstadt, der tagaus tagein seiner Arbeit im Stall nachging. Einmal war's aber besonders anstrengend und darum setzte er sich irgendwann auf seinen Melkschemel, lehnte sich an die Wand und rastete ein bisserl. Dabei blinzelte ihm die Sonne angenehm lind ins Gesicht. Als er aber durch das Fenster nach draußen blickte, schreckte er plötzlich so überrascht hoch, dass er fast von seinem Hocker gefallen wäre. Denn auf der Fensterscheibe lächelte ihm das Bildnis der Gottesmutter Maria entgegen!

Mit zarten Strichen war das Bild erstellt, so wie frühere Holzschnitte aus alten Gebetsbüchern. Vor allem aber war sich der Bauer sicher, dass er dieses Marienbild noch niemals gesehen hatte. Ob es bisher nur nie jemand entdeckt hatte oder ob es womöglich erst in diesem Augenblick wie von Zauberhand entstanden war, das konnte niemand erklären. So sehr der Bauer auch umherfragte. Er war nämlich so ergriffen von diesem Anblick, dass er durch die Straßen lief und einem jeden erzählte, was er soeben gesehen hatte.

In Scharen kamen die Leute herbei und wollten sich selbst von diesem unerklärlichen Geschehen überzeugen. Um dem Marienbild die nötige Ehre zu erweisen, lösten sie die Scheibe aus dem Fenster und stellten sie öffentlich aus, sodass schließlich sogar Pilger aus weiter Ferne ihr Gebet davor sprechen konnten. Vielleicht wurden ihre Wünsche ja erhört und vielleicht wurde so manch anderem – im übertragenen Sinne – auch die Augen für sein Leben geöffnet.

Murnauer Drachenstich-Runde 05

Auf den Spuren des sagenumwobenen Lindwurms

2:25 h Gehzeit
8,9 km Länge
130 hm leicht

Der Herbst rahmt die herrlichen Ausblicke im Murnauer Moos golden.

Es gibt sie in allen Kulturen und doch wird ihre Existenz wissenschaftlich infrage gestellt: die Drachen. Der Murnauer Lindwurm ist trotz allem aus der Geschichte der Marktgemeinde nicht wegzudenken. Bis heute erinnert das Wappen an zwei Sagen, die von der mutigen Rettung der Murnauer vor dem gefräßigen Monster erzählen. Und es gibt einen anmutigen Drachenstich-Rundweg, der zwar bei Weitem nicht so gefährlich ist wie das damalige Untier, dafür aber ungeheuer abwechslungs- und aussichtsreich!

Den ► ***Parkplatz P5*** finden wir als Ausgangspunkt direkt an der B2, die durch Murnau führt. Von hier aus kann man die Runde wunderbar in beide Richtungen gehen. Wer zuerst in die Stadtmitte, zum Münter-Haus und zum Mittagessen mag, wählt die Runde im Uhrzeigersinn, beginnt also in Richtung Südost. Wer lieber erst einmal dem See einen Besuch abstattet und sich den Biergarten für

Winterruhe am Staffelsee. Im Sommer lädt er zu einer kleinen Bootstour ein.

später aufheben möchte, der folge meiner Beschreibung.

Im ► ***Süden des Parkplatzes*** führt ein ► ***Fußgängerweg nach Westen***, über eine kleine Brücke und trifft dann auf den Weg, der vom Bahnhof ► ***an den See*** führt. Alle, die mit den öffentlichen Verkehrsmitteln anreisen, können hier also gleich die Runde mit uns starten. Wir gehen ► ***kurz in südliche Richtung***, durch eine Unterführung hindurch und stehen dann schon auf dem ► ***ersten Aussichtspunkt*** mit Blick auf die Ufer-Promenade des Staffelsees. Sieben Inseln tummeln sich auf dem etwa acht Quadratkilometer großen See, der Murnau auf westlicher Seite zu Füßen liegt. Wir wählen ► ***einen der schmalen Pfade***, die im Frühling durch Schlüsselblumen, Blausternchen, Buschwindröschen und jede Menge Bärlauch ► ***zum Seeufer*** führen.

Das Plätzchen hier wird von Einheimischen gerne „Schweinebucht" genannt, doch sucht der Verschönerungsverein dringend einen neuen Namen dafür. Die Bänke an der Badepromenade laden jedenfalls schon jetzt mit stimmungsvolleren Inschriften zum Verweilen ein. Darüber zwitschern die Vögel, dass es eine wahre Freude ist: Amseln, Stare, Finken und viele mehr. Und auch ein Biber hat hier mitten im Ort ganz keck seine Spuren an den Bäumen hinterlassen.

▸ ***Links vom Kiosk*** lenkt uns der Weg bald schon direkt an der Uferböschung ▸ ***weiter nach Westen***. Im Sommer ist es hier herrlich schattig und ein Bootsverleih ermöglicht einen kleinen Ausflug auf den See. Wer sich lieber von größeren Schiffen tragen lassen möchte, der kann auch vom Anleger am Kiosk eine kleine Rundfahrt mit der MS Seehausen unternehmen.

Eine Viertelstunde waren wir etwa bis zur Seebucht unterwegs und nach weiteren ca. 15 Minuten auf dem ▸ ***Seewaldweg am Ufer*** entlang nehmen wir den beschilderten Rundweg-Abzweiger ▸ ***links hinauf in den Bergwald***. Leberblümchen und Buschwindröschen setzen hier fröhliche Tupfer ins braune Laub des vergangenen Winters. Vorbei an kleinen Bachläufen und manchmal matschigen Passagen steigen wir durch den bunten Mischwald gut 50 Höhenmeter hinauf, bis links von uns die ▸ ***Klinik Hochried*** auftaucht. Knorrige alte Bäume stehen als Torwächter vor dem Eingang und weisen uns die Straße ▸ ***in Richtung Süden*** als weiteren Weg.

Etwa 200 Meter folgen wir nun einem ▸ ***Fußgängerweg entlang der Staatsstraße 2062 in westliche Richtung***, überqueren sie und können beim ▸ ***Weg nach Süden*** rechter Hand einen Blick auf den beeindruckenden Park um die herrschaftliche Villa erhaschen, die Emanuel von Seidl um 1913 erbaut und gestaltet hat. Gleich nach der ▸ ***Überquerung von Bahngleisen*** zweigt unser Rundweg diesmal ▸ ***links in östlicher Richtung*** ab und fällt bald leicht ab. In

Das Ähndl gilt als eines der ältesten Kircherl in Oberbayern.

sanften Schlangenlinien windet sich der Pfad durch lichte Bäume, vorbei an einer Hinterglasmalerei des heiligen Georg und dann über zahlreiche Stufen hinab zum sogenannten ▸ ***Drachenstich*** selbst. Ein Wasserfall begleitet uns hinunter in eine wildromantische Schlucht, in der der Lindwurm – zumindest der Legende nach – seine Jungfrauen verspeist haben soll. Ziemlich mörderisch gebärden sich dabei auch die Sagen, die sich um den Sieg über das Ungeheuer vom Staffelsee ranken **Geschichten S. 62 und 64**.

Übrigens haben an diesem idyllischen Ort um 1909 außergewöhnliche mythologische Festspiele mit dem Titel „Hirmon und Berchta, Der Drachenstich 1. Teil" stattgefunden. Verfasst von Ernst Hegemann, dem Architekten des Münter-Hauses, vertont vom Volksmusikanten Georg Reiß und dargeboten vom Volks-Trachten-Gesangsverein Edelweiß. Da wäre man gerne mit dabei gewesen … So auch 2002, als mit einem Drachenspektakel die Tradition kurz wiederbelebt worden war; aktuell erinnert nur noch eine Gedenktafel daran.

▸ ***In östlicher Richtung*** wendet sich unsere Tour allmählich wieder Murnau zu. Am sonnigen Waldrand führt der Weg entlang und gibt immer wieder weite Ausblicke ins „Blaue Land" frei, wie das Oberland zwischen Loisach und Ammer von den Malern des „Blauen Reiters" bildhaft genannt wurde. Weithin erstreckt sich das Murnauer Moos vor den Bergen des Karwendels und der Ammergauer Alpen bis ins Wettersteingebirge hinein.

Bei guter Sicht lohnt sich das Innehalten und ein konzentrierter Blick insbesondere am Asam-Punkt: Hier sieht man mithilfe eines Durchgucks auf einer Linie die Kirchtürme vom Ramsachkircherl, von Weichs und Ohlstadt sowie das Gipfelkreuz des Rauhecks.

Nun ist es auch an der Zeit, dem Ramsachkircherl, auch gerne „Ähndl" genannt, einen Besuch abzustatten. Am ▸ ***Ende der langen Geraden unseres Weges*** steht ein weiteres St.-Georgs-Bildnis zur Linken und eben jenes ▸ ***Ähndl winkt uns zur Rechten***. Man erreicht es auf einem von Birken gezierten Weg in knapp 300 Metern. Schmuck steht es in einer kleinen Umfriedung und schaut mit seinem bunt bemalten Altar bedächtig nach Osten.

Der Name „Ähndl" soll übrigens eine Koseform von „Urahnin" sein und darauf aufmerksam machen, dass sie als älteste Kirche in Oberbayern gilt. Alten Überlieferungen zufolge habe es hier schon

Ein raffinierter Blick am Asampunkt von Kirchturm zu Kirchturm bis zum Gipfelkreuz des Rauhecks

einen keltischen Kultplatz gegeben, der von iroschottischen Wandermönchen in ein christliches Gotteshaus verwandelt worden sein soll, und zwar im 7. Jahrhundert durch den heiligen Mang. So sind bis heute zahlreiche Kostbarkeiten in der Kirche zu sehen, zum Beispiel eine Muttergottes aus dem 13. Jahrhundert und die sakralhistorisch älteste und bedeutendste Glocke Deutschlands, eine handgeschmiedete Eisenglocke, wie man sie aus dem 8. Jahrhundert von jenen Mönchen kennt.

Der Schutzpatron St. Georg stellt in der christlichen Tradition den Drachentöter, Streiter gegen das Böse und Bekämpfer des Heidentums dar – auch wenn moderne Drachenforscher noch ganz andere Interpretationsvorschläge zu den Hintergründen von Drachen und Jungfrauen aufzubieten haben. So verstehen manche das geflügelte Ungeheuer als Sinnbild für die ungezähmte Natur, für die urwüchsige Kraft der Elemente, auch für das Heidentum, das in diesem Fall überwunden werden soll. In manch alten Sagen taucht interessanterweise neben der Jungfrau auch ein Drache als Beschützer auf und wehe dem, der versucht, ihr oder ihm Böses anzutun. Die Kunst lag in diesen Erzählungen darin, den Drachen zu zähmen und damit die Jungfrau zu gewinnen …

Wie auch immer man die Drachenlegenden deuten mag, in jedem Fall kann man ganz entspannt im Biergarten nebenan verweilen, bevor es ▶ ***kurz den Hinweg zurück*** und dann ▶ ***Richtung Nordost zur Kottmüllerallee hinauf*** geht, einem weiteren buchstäblichen Höhepunkt dieser Runde: Der Verschönerungsverein pflanzte auf Anregung von Emeran Kottmüller, seinem damaligen Vorstand und Prantl-Brauerei-Besitzer, in den 1870er Jahren 140 Stiel-Eichen an, die inzwischen zu wahren Kraftbäumen angewachsen sind und die traumhafte Aussicht nach Süden aufs Schönste umrahmen. Für diesen Genussmoment der Tour lohnt es sich besonders, den eigenen Schritt zu verlangsamen, hier und dort einmal innezuhalten, sich an einen der Baumriesen anzulehnen und nach den Blicken in die Ferne nun die Augen für einen Augenblick zu schließen ...

Alleen wie diese sind sehr selten geworden und schenken neben sommerlichem Schatten auch Verwurzelung, Ruhe und Geleit. Wem christliche Bräuche am Herzen liegen, der kann auch noch einen beschilderten Abstecher zu einer Lourdes-Grotte machen, die seit 1892 beim ehemaligen Steinbruch in der Ochsengraben-Schlucht steht. Wie bei vielen Mariengrotten fließt auch hier ein Bächlein vorbei. Zwar entspringt es keiner heiligen Quelle, doch erinnert es an die jahrtausendealte Tradition, die göttliche Erdmutter zu verehren. Nun ist es die himmlische Mutter, die man um Heilung und Genesung bittet.

Auf alle Kunstfreunde wartet dann am Ende der Allee mit der Hausnummer 6 ein weiteres Kleinod: das ▶ ***Münter-Haus***, früher auch als „Russenhaus“ bezeichnet. Von 1909 an wohnte Gabriele Münter vor allem in den Sommermonaten in diesem Haus. Anfangs mit Wassily Kandinsky, später mit ihrem Lebensgefährten, dem Kunsthistoriker Johannes Eichner, vor allem aber besucht von namhaften Künstlern ihrer Zeit, wie Franz Marc, Alexej von Jawlensky, Marianne von Werefkin, August Macke, dem Autor Ödön von Horváth und vielen mehr. Durch die originell bemalten Möbel, die zahlreichen Gemälde der Landschaft ringsum und die Entwicklung der Avantgarde, die an diesem Ort begann, gehört das Münter-Haus zu einem der musealen Kostbarkeiten des Oberlands.

Wer sich an den Eindrücken sattgesehen hat, folgt der ▶ ***kurzen Allee nördlich*** am Münter-Haus vorbei, kann dabei seinen Blick schon einmal über die historischen Häuser Murnaus schweifen las-

Buchstäblich malerisch: das Gabriele-Münter-Haus vor den pittoresken Stadtbauten Murnaus

sen und biegt dann ► ***rechts hinunter, über die Bahngleise zum Kurpark***, von dem aus man stracks ► ***nach Norden zum Parkplatz*** zurückkommt.

Als kleiner Tipp: Östlich davon liegt die Murnauer Marktstraße mit ihrer illustren Auswahl an Geschäften, Galerien, Ateliers, Kaffeehäusern, Restaurants und Brauereigaststätten. Ein Schlenker dorthin ist stets zu empfehlen, um sich eine kleine Auszeit zu gönnen, frei nach Ödön von Horváths Worten: „Ich bin nämlich eigentlich ganz anders, aber ich komme nur so selten dazu". Manchmal muss man schlichtweg sich selbst die Gelegenheit dazu geben, so zu sein, wie man eigentlich ist.

Der Rückweg ist vom Obermarkt aus am einfachsten an der Gaststätte Griesbräu vorbei nach Westen, die Griesbräustraße entlang, den Ödön-von-Horváth-Weg weiter, eine kleine Treppe hinauf und dann über eine Brücke zurück zu unserem Ausgangspunkt.

Murnauer Drachenstich-Runde

2:25 h Gehzeit | 8,9 km Länge | 130 hm | leicht

Ausgangspunkt in 82418 Murnau:

Parkplatz P5, Kellerstraße/Alter Festplatz (B2 südlich vom REWE)

Weg:

Ganzjährig möglich; auch bei Regen, dann allerdings teilweise sehr matschig.
Gut beschildert mit „Staffelsee“, „Drachenstich-Rundweg“, „Münter-Haus“.

Besonderheiten:

- Badeplatz Staffelsee
- Bootsverleih
- Drachenstich-Schlucht
- Ramsachkircherl
- Kottmüller-Allee mit 150 Jahre alten Eichen
- Lourdesgrotte
- Münter-Haus www.muenter-stiftung.de/de/das-munter-haus-2/

Einkehr:

- Restaurant Bischoff's Ähndl mit Biergarten www.aehndl.de
- Gastronomie Murnau mit Kaffeehäusern und Brauereigasthöfen

Zuganfahrt:

Fahrt mit dem Zug nach Murnau, Start vom Bahnhof aus in Richtung Süden

Variationen:

Der Rundweg ist in beide Richtungen möglich und gut ausgeschildert. Verkürzen lässt sich die Runde am besten beim Gehen im Uhrzeigersinn, dann kann man an der Klinik Hochried nach Osten abbiegen und über verschiedene Wege gleich zurück in die Stadt gehen.
Verlängern lässt sich die Tour durch einen Ausflug ins Murnauer Moos oder über den Seeuferweg nach Uffing (min. 10 km mehr), dann Rückfahrt mit Schiff oder Bus.

Tipps:

- Besuch des Ober- und Untermarkts Murnau mit Kaffeehäusern, Galerien, Ateliers, Geschäften
- Schloßmuseum www.schlossmuseum-murnau.de
- Staffelsee-Schifffahrt mit Mondscheinfahrten www.staffelsee.org
- Badestrand Uffing und Riegsee

Tourist-Info:

Untermarkt 13
82418 Murnau am Staffelsee
Tel.: 08841-476240
E-Mail: touristinfo@murnau.de
www.tourismus.murnau.de
oder www.dasblaueland.de/Orte/murnau

Staffelsee
Bootsverleih
Schloss Seeleiten
Klinik Hochried
Schloßmuseum
Murnau am Staffelsee
B2
Kohlgruber Straße
Am Dünaberg
Maria-Antonien-Weg
St 2062
Münter-Haus
Kottmüller-Allee
Murnauer Drachenstich
Lourdes-grotte
Ramsachkircherl
0
200
400 m

Schlau und unerschrocken
Vom verruchten Räuber zum tapferen Retter

ab 4 Jahren

In früheren Zeiten, als Murnau noch Wurmau genannt wurde, trieb ein riesiger Drache im Land sein Unwesen. Wenn er sich mit seinem schuppigen Leib über die Wiesen und Wälder bewegte, sahen sie danach aus, als wären Sturm und Hagel unbarmherzig darauf niedergegangen. Ziegen und Schafe, Rinder und Pferde fielen seinem unstillbaren Hunger zum Opfer. Tja, und irgendwann kam die Bestie darauf, dass Jungfrauen noch besser schmecken als alles andere …

Da wuchs der Zorn der Menschen im Wurmauer Land so sehr an, dass sie beschlossen, das Untier nun zu töten, koste es, was es wolle. Doch das war leichter gesagt als getan. Denn der Lindwurm hatte riesige Pranken, mit denen er sogar kämpferische Streiter in schweren Rüstungen zerdrücken konnte wie kleine Käfer. Dazu kam sein feuriger Atem, der alles mit einem Flammenstoß in Asche verwandelte, was ihm in den Weg kam. Ihr merkt schon, der Lindwurm war wirklich das grausigste Ungeheuer, das ihr euch vorstellen könnt!

Da fiel den Wurmauern schließlich doch noch jemand ein, den sie in ihrer Not mit dem Kampf gegen die Bestie beauftragen konnten. Ein verruchter Räuber saß im Kerker der Stadt und wartete auf seine Hinrichtung. „Soll doch der mid dem Lindwurm kämpfn!“, riefen die Leute. „Und wenn's eam gelingt, des Monster umzubringa, dann soll er frei sei.“

Schon war es beschlossene Sache, dass der Räuber auf diese Weise um sein Leben ringen solle. Der nahm die Herausforderung unerschrocken an: Lieber einem Drachen gegenüberstehen als dem Galgen!

Als ihm die Wurmauer eine Rüstung samt Schild und Speer bringen wollten, winkte der jedoch nur ab: „Was wollts ihr denn damit? Da lacht der Lindwurm ja nur drüba! Na, des miass ma anders ogeh“, begann der Meisterdieb zu überlegen. „Wissts was, i brauch a Fell von am geschlachteten Kalb und a Schubkarrn voller ungelöschtm Kalk!“

Die Wurmauer sahen ihn ungläubig an: „Was willsd denn damit?! An Kalk braucht ma doch zum Hausbaun."

„Des miassd ihr anders seng. Der Kalk werd sauhoaß, wenn der mid Wasser in Verbindung kimmt. Und damit werd i dem Biest amoi sauba eihoazn!"

So recht konnte immer noch keiner verstehen, was der Räuber vorhatte, doch brachte man ihm das Gewünschte. Und bald darauf sahen sie verwundert zu, wie er mit groben Stichen das Kalb wieder zusammennähte, den Kalk hineinfüllte und sich dann zwei Helfer erbat, um den Köder vor die Höhle des Drachen zu bringen.

„Spinnst du, mia san doch ned lebensmüd!", weigerten sich die Städter kopfschüttelnd. Ein paar beherzte Männer fanden sich dann aber doch noch und so schleppten sie gemeinsam bei Nacht und Nebel das so gefährlich gefüllte Kalb vor den Bau der Bestie. Dann versteckten sie sich, so schnell sie konnten, und warteten ab, was geschehen würde.

Es dauerte nicht lange, da erschien die vernarbte Nase des Untiers im Höhleneingang. Mit tiefem Schnauben erschnupperte es das Kalb und stürzte sich sofort darauf. Es verschlang es mit Haut und Haaren. Kaum aber hatte der Lindwurm daraufhin seine Schnauze zum Trinken ins kalte Seewasser gesteckt, als der Köder zu wirken begann und der Kalk sich erhitzte. Das Untier zerriss dabei mit einem solch lauten Knall, dass der bis in die Stadt zu hören war. Aufgeregt liefen die Menschen herbei und betrachteten fast schon erfürchtig die Überreste des erlegten Monsters.

Der Räuber aber hatte es geschafft, seinen Kopf noch einmal aus der Schlinge zu ziehen, und durfte nun seines Weges gehen. Die Wurmauer feierten ihre Erlösung von der Plage des Lindwurms und ließen eine Säule an jener Stelle aufstellen, an der das Tier zugrunde gegangen war. Bis ins 18. Jahrhundert soll sie dort gestanden haben. Heute erinnern die zahlreichen Kapellen, Kirchen und der Drachenstich selbst an jene Geschichte – und natürlich der Lindwurm im Murnauer Wappen.

Wacker und gewitzt
Vom Schusterjungen zum Drachentöter

ab 6 Jahren

Gleich mehrere legendenhafte Personen finden in dieser Variante der Lindwurmsage ihren Platz: der „Kaiser Ludwig", der heilige Magnus und der Drachentöter Georg, diesmal in der Gestalt eines kleinen Schusterjungen. Aber der Reihe nach ...

So soll vor langer Zeit, als der Kaiser Ludwig über das Land regierte, die Insel Wörth von einem Einsiedlermönch bewohnt gewesen sein. „Vater Magnus" habe man ihn genannt und er hatte sich dort unter einer alten Linde seine Klause eingerichtet. Fernab von den Menschen lebte er zurückgezogen und bekam nur Besuch vom Schusterjungen Georg, der ihm mit seinem kleinen Boot Lebensmittel brachte.

Zu dieser Zeit aber trieb der Lindwurm von Murnau auf der anderen Seeseite sein Unwesen. Immer wieder mussten der heilige Magnus und Georg mit ansehen, wie das Ungeheuer Schafe oder Rinder riss und verschlang. Für die Bauern war es ein großer Schaden, doch keiner wusste, wie man diesem Biest hätte beikommen können.

Eines Tages jedoch kam dem Schusterjungen eine Idee. Freudestrahlend setzte er sich zu dem Einsiedler und erzählte ihm, was er vorhatte: „I lass mir des Fell von am gschlachteten Kalb gehm und besorg ma a riesige Ladung ungelöschtn Kalk. Dann näh i des Kalb wieder zam, füll den Kalk eini und dann setz ma des ganze dem Lindwurm zum Fraß vor. Wirst seng, der frisst des mit Haut und Hoar, danach muaß er bestimmt wos dringa – und dann werd's an so zreissn, dass nix mehr vo eam übrig bleibt!"

Magnus war von der Idee beeindruckt: „Du hosd recht, der ungelöschte Kalk werd richtig hoaß, wenn der mid Wassa zammakimmt. Des kannt funktioniern!" Die beiden nickten sich einig zu. „Dann werdn mia woi unserm Nama alle Ehre macha – ois Drachentöter wia unsre einstign Schutzpatrone, Magnus und Georg", fügte der Mönch augenzwinkernd an.

Eine so große Menge an ungelöschtem Kalk war aber nicht so einfach aufzutreiben. Einen riesigen Prunkbau hätte man wohl damit erstellen können. Doch kam der Zufall dem jungen Georg zuhilfe. Denn der Kaiser Ludwig war in der Nähe auf Bärenjagd gewesen und hatte sich im Gestrüpp einen Lederstiefel zerrissen. Nun suchte er einen flinken Schuster, der ihm den Schuh noch am Fuße selbst wieder flickte.

„Des konn nur unser junga Georg", sagte ihm der Schuster im Ort. „Der hod so gschickte Finga, der schaffd des im Nu!" So wurde der Bursche eilig geholt und tatsächlich nähte er das Leder so schnell und sauber, dass es dem Kaiser eine wahre Freude war und er ihm die Erfüllung eines Wunsches zusagte. Der Georg traute sich jedoch nicht, die Fuhre Kalk zu erbitten, zu sonderbar und zu anspruchsvoll erschien ihm diese Forderung.

Doch kam es, dass der Kaiser Ludwig ihn wenige Tage später auf der Insel Wörth beim Zunähen des Kalbfells antraf und überrascht nach dessen Verwendung fragte. Und als ihm der Schusterjunge von seinem Vorhaben erzählte, da war es dem Kaiser eine Ehre, ihm den Kalk auf die Wörth liefern zu lassen. Schon munkelten die Leute, dass dort ein neues Schloss entstehen solle …

Georg und Magnus wussten es freilich besser. Und endlich, eines Abends, war der Kalbköder fertiggestellt. Nun kam der gefährliche Teil, denn die Attrappe musste ja vor die Höhle des Lindwurms gebracht werden. Im Dunkel der Nacht machten sich also die beiden auf den Weg über das Wasser. Das

Ein Drachentöter-Motiv jagt auf dieser Runde das nächste.

Kalb hatten sie mühevoll in den Einbaum des Schusterjungen gehievt und nun ruderten sie, so leise sie konnten, hinüber. Am Ufer angekommen, schlichen sie sich auf die Wiese und zerrten den Köder direkt vor die Höhle. Von drinnen war ein grausiges Schnarchen zu vernehmen und übler Gestank waberte heraus.

Die Sonne begann schon über den Häusern von Murnau aufzugehen, als sie es endlich geschafft hatten, das Kalb entsprechend aufzubauen, und flugs ins Boot zurücksprangen. Mit kräftigen Schlägen ruderten sie zur Wörth zurück und waren gerade rechtzeitig am Ufer, als sie von drüben ein lautes Schnaufen und Grollen hörten. Das Ungeheuer war erwacht und trat vor die Höhle!

Es roch natürlich sofort, dass Eindringlinge in seinem Reich gewesen waren. Doch dann entdeckte es das Kalb, schnupperte kurz daran und verschlang es dann gierig mit einem Satz. Und wie Georg es vorhergesagt hatte, senkte der Lindwurm sogleich seinen Kopf ans Wasser und trank in tiefen Schlucken. Damit aber tat der ungelöschte Kalk seine Arbeit. Dampf stieg dem Untier aus den Nasenlöchern und den Ohren und auf einmal zerbarst es in hunderttausend Stücke!

Endlich war der Markt Murnau von der Last des Lindwurms befreit. Dem tapferen Georg aber versprach der Kaiser eine besondere Belohnung. Der Schusterjunge jedoch wünschte sich der Legende nach nichts anderes, als dass der Drache zur Erinnerung in das Wappen der Marktgemeinde aufgenommen würde. Und da prangt er bis heute und erzählt die Geschichte eines klugen Schusterburschen und seiner wackeren Tat!

Felsenweg Kochel 06

Im Reich der Riesen und Blauen Reiter

2:45 h Gehzeit
9 km Länge
210 hm mittel

Reichlich Abkühlung bietet der Kochler Felsenweg im Hochsommer.

Für viele ist der Kochelsee eigentlich nur der „kleine Bruder" des Walchensees. Buchstäblich liegt er im Schatten dieses mächtigen und sagenumwobenen Bergsees, dessen tiefster Punkt verborgen im Massiv des Kesselbergs fast bis an die Oberfläche des nördlich und rund 200 Meter tiefer gelegenen Kochelsees reicht. Oft wirkt er durch den über ihm aufragenden Herzogstand eher düster und abweisend, auch wenn sich nach Norden hin die sonnige Ebene des Loisachmoors öffnet. Doch wer sich auf unsere versteckte Wanderung über südliche Felsen und Waldpfade begibt, wird überrascht sein, welche malerischen Farben und Ausblicke hier zu entdecken sind. Insbesondere an heißen Tagen eine wundervolle Tour, bei der sich der Rückweg per Schiff anbietet!

In Schlehdorf nimmt uns der ▸ ***Parkplatz an der Schiffsanlegestelle*** als Ausgangspunkt in Empfang. Wir verlassen ihn ▸ ***kurz***

Richtung Norden, um dann, gewiesen von ▶ ***grünen Schildern zum „Felsenweg", in die Seestraße nach links*** einzubiegen. Hier kommen wir an alten, hübsch gestalteten Fischerhäusern vorbei oder können auf einem Fußweg, der kurz darauf linkerhand auf der Seeseite abzweigt, durchs Schilf wandern. Beide Varianten führen uns zur ▶ ***Rauter Straße***, der wir durch lichte Wiesen nach Süden folgen, bis uns nach gut einem Kilometer der Wegweiser zum eigentlichen ▶ ***Ortsteil Raut*** schickt. Hier säumen unterschiedlichste Häuser das Ufer, vom kleinen Holzhaus bis hin zum herrschaftlichen Landgut.

Von Schlehdorf her grüßt immer wieder die Klosterkirche St. Tertulin herüber, die im 18. Jahrhundert im barock-klassizistischen Stil gebaut und unter Balthasar Trischberger vollendet wurde. Das Kloster selbst geht bis ins 8. Jahrhundert zurück, war erst benediktinisch und wurde nach einer abwechslungsreichen Geschichte von den letzten Besitzerinnen, den Missions-Dominikanerinnen, 2019 an eine Wohnungsbaugenossenschaft verkauft, die das historische Gebäude für Wohnen, Arbeiten und öffentliche Veranstaltungen umgestalten hat.

Wir haben nach schließlich rund 2,5 Kilometern Straße das ▶ ***Ende von Raut*** erreicht und sind endlich am Ziel: dem ▶ ***Beginn des Felsenweges nach Kochel***. Wir tauchen ein in eine grünblaue romantische Wildnis. Ein schmaler Waldpfad findet seinen Weg durch leuchtende Laub- und Nadelbäume, vorbei an überwachse-

Überwachsene Felsen auf der einen und smaragdgrünes Seewasser auf der anderen Seite

nen Wurzelstöcken, auf steinernen Stufen hinauf, an aufragenden Felswänden vorbei, dass es eine wahre Freude ist.

Links von uns eröffnet das Blätterdach immer wieder herrlich schöne Ausblicke auf den Kochelsee. Mal nur zwei Meter unterhalb des Weges, mal sind es gut zehn. An besonders ausgesetzten Stellen, wenn es zum See hin steil abfällt, schützt ein Stahlseilgeländer. Ein bisserl Trittsicherheit und Schwindelfreiheit können aber nicht schaden. Kleinere Kinder werden besser des Öfteren an die Hand genommen, insbesondere wenn man bei der sogenannten „Nase“, einer hervorstehenden ► ***Felsnadel samt „Gipfelkreuz“***, den Blick über den See genießen möchte. Von dieser Seite her zeigt sich das Wasser in den unterschiedlichsten Grüntönen von Smaragd über Jade bis hin zu Moosgrün und es lohnt sich, an einem der zahlreichen Uferplätze zu rasten.

Etwa eineinhalb Kilometer ist der in den Felsen gesprengte Pfad nur lang, bietet aber mehrmals Stellen, um auf Bänken am Seeufer zu verweilen, moosbewachsene Steinwände zu bestaunen, auf denen sich sogar einmal alte Inschriften entdecken lassen. Und mit einem klein bisserl Fantasie ist man schon mittendrin in der Welt der Sagenwesen des Gebirges **Geschichte S. 74**.

Ob man dem Bauern aus unserer Geschichte nun Glauben schenken mag, ist jedem selbst überlassen. Ebenso wie das Badevergnügen während der Tour. Am Ende des Felsenpfades lockt jedenfalls ein kleiner ► ***Kiesstrand*** mit Liegewiesen, noch in die leuchtenden Fluten des Sees zu springen. Aber Vorsicht: Gerade an dieser Einlaufstelle aus dem Walchenseekraftwerk kann das Wasser manchmal wirklich zapfig kalt sein.

Weiter geht es, gewiesen durch die zuerst noch ► ***grünen, dann gelben Schilder, nach Altjoch*** und dann ► ***nach Kochel***. Für alle Technikbegeisterten ist ein Abstecher zum ► ***Walchenseekraftwerk*** ein Muss. Oskar von Miller hat damit 1924 seine Idee umgesetzt, auf diese Weise die bayerischen Bahnen zu elektrifizieren. Neben dem Kraftwerk gibt ein Museum Einblicke in die Geschichte und auch eine Einkehr ist dort möglich.

Etwas unscheinbarer ist eine weitere Sehenswürdigkeit, an der man in Altjoch vorbeikommt. Es ist die ► ***Birg***, ein bewaldeter Felskegel zwischen Straße und See, auf dem sich die Reste einer bronzezeitlichen Hügelfestung unter den hohen Bäumen verbergen. Sie lag strategisch günstig, um den Handelsweg zwischen dem Tiroler Inntal und dem Alpenvorland zu kontrollieren.

Wer möchte, kann auch hier einen kleinen Abstecher machen und den kletterfreudigen Trampelpfaden über die alten Wälle folgen, die allerdings nur ein geübtes Auge wirklich als Burgreste zu erkennen vermag. Dass dieses Gebiet am Rand der Vorberge stets eine stark umkämpfte und damit bedrohte Region war, davon erzählt auch eine weitere Sage, die von einer wundersamen Rettung zu berichten weiß und gleich schon einen Blick zum Ort der nächsten Wanderung hinüberwirft, zum Kloster Benediktbeuern **Geschichte S. 78**.

Wer die jetzige Tour übrigens rein als Wanderung gestalten und nicht den großen Umweg um den See gehen möchte, für den dürfte diese Stelle ideal sein, um nach einer Rast am See wieder umzukehren und den gleichen Weg zum Auto zurückzugehen.

Für alle anderen gilt: Ob mit kleinem Ausflug auf die Birg oder auch ohne, wir biegen ▸ *vom Uferweg kommend* an den Badeplätzen vor der Birg ▸ *rechts auf die Straße* ab, die uns zur kleinen Anastasia-Kapelle und mit ihr hinauf zur ▸ *Straße „Altjoch“* führt. Wir folgen ihr dann ▸ *links Richtung Kochel*, lassen dabei den Burgfelsen wiederum links liegen, bis wir die ▸ *Kesselbergstraße* erreichen.

Von hier aus gibt es nun ▸ *verschiedene Möglichkeiten*, zurück zum Startpunkt zu kommen: Die ▸ *erste ist die Busverbindung* nach Kochel und dann Schlehdorf. Die ▸ *zweite ist der Fußweg am See entlang* zu den nächsten Bushalte- und Schiffsanlegestellen, wobei es hier bei starkem Verkehr etwas laut sein kann. Und die ▸ *dritte* ist ein bisserl abenteuerlich, denn sie führt über einen ▸ *schattigen Waldweg oberhalb* der Straße nach Kochel zu Bus und Schiff. Dazu gehen wir ▸ *kurz links, überqueren* die Brücke und dann die Kesselbergstraße und folgen einem ▸ *unbeschilderten Weg* in den Wald nach Osten. Dabei halten wir uns ▸ *eher links* und ▸ *erst östlich, später nordöstlich*. Da umgefallene Bäume an der einen oder anderen Stelle den Weg blockieren und so manche Alternativroute entstanden ist, braucht man hier ein wenig Orientierungssinn und Gespür, um den richtigen Weg zu nehmen, der uns eigentlich jedoch ▸ *zielgerade nach Kochel* lotst.

Irgendwann setzt auch eine ▸ *grüne Beschilderung* ein. Zwischendurch gehen immer mal wieder kleine Pfade nach Westen

Herrschaftlich winkt immer wieder die Klosterkirche St. Tertulin von Schlehdorf herüber.

weg hinunter zur Straße. Je nachdem, wann man bei Bus oder Schiff zusteigen möchte, lohnt sich hier ein Abstecher hinunter. Wenn unser Waldweg einen ▸ ***breiten Forstweg*** kreuzt und der Pfad mit der Beschilderung „Kochel a. See" nach Norden und „Urfeld" bzw. „Hotel Grauer Bär" nach Süden ausgestattet ist, kann man den Forstweg nach Westen nehmen und gelangt somit bei der Firma Dorst ▸ ***ans Seeufer***, dem man nach Norden bis zum Museums-Schiffsanleger folgen kann.

Oder man geht den ▸ ***Höhenweg weiter*** bis über eine Brücke, danach ▸ ***links halten*** und zum ▸ ***Tiroler Kreuz***, einem herrlichen Aussichtspunkt, hinauf und von dort weiter ▸ ***Richtung Franz Marc Museum nach Nordwest***, von wo aus man auch wieder bei einer Bushaltestelle bzw. dem Museums-Schiffsanleger landet.

Normalerweise verläuft die Rundfahrt der Schiffe im Uhrzeigersinn. Wichtig ist stets, vorher schon die Bus- bzw. Schiffsmöglichkeiten genau zu klären.

Für alle Weitwanderer, die lärmunempfindlich sind, ist auch der große Rundweg mit weiteren knapp sechs Kilometern über die Nordwest-Route nach Schlehdorf eine Alternative. Allerdings führt der Großteil des Weges auf einem Fuß- und Radweg neben der viel befahrenen Staatsstraße 2062 entlang und liegt in der prallen Sonne.

Viel empfehlenswerter ist stattdessen das Eintauchen in andere Welten, zum Beispiel des Franz Marc Museums und seinem farbenfrohen „Blauen Land" des ebenso „Blauen Reiters" oder der „Kristall Therme Kochel" mit ihren ausgedehnten Bade- und Saunalandschaften.

Felsenweg Kochel

2:45 h Gehzeit | 9,0 km Länge | 210 hm | mittel

Ausgangspunkt in 82444 Schlehdorf:

Parkplatz Schiffsanlegestelle, Seestraße

Weg:

Nur bei Schneefreiheit möglich. Sonnig, später meist schattig. Nach Regen besondere Trittsicherheit erforderlich. Grüne Schilder „Felsenweg", dann gelbe und grüne Schilder „Kochel" bzw. „Tiroler Kreuz".

Besonderheiten:

- In Felsen gesprengter Pfad oberhalb des Sees
- Zahlreiche Badeplätze
- Alte Hügelfestung Birg
- Schifffahrt www.motorschifffahrt-kochel-see.de
- Walchenseekraftwerk www.uniper.energy/de/walchen-seekraftwerk
- Franz Marc Museum Kochel www.franz-marc-museum.de

Einkehr:

- Wirt am Walchenseekraftwerk www.kraftwerk-einkehr.de
- Restaurant im Franz Marc Museum www.franz-marc-museum.de/cafe/
- Restaurant Grauer Bär www.grauer-baer.de

Zuganfahrt:

Mit dem Zug nach Murnau, dann Bus 9611 Richtung Kochel, Ausstieg „Schlehdorf" oder mit dem Zug nach Kochel am See, dann Bus 9611 nach Schlehdorf

Variationen:

Verkürzen lässt sich die Runde stets einfach durch umkehren. Verlängern lässt sich die Tour durch den gesamten Rundweg (plus ca. 6 km) oder durch eine Wanderung auf den Herzogstand (1.676 m) oder Jochberg (1.565 m) oder Sonnenspitz (1.269 m) oder durch eine zusätzliche Runde zu den Lainbach-Wasserfällen (ca. 5 km, beschildert).

Tipps:

- Klosterkirche Schlehdorf St. Tertulin
- Pfarrkirche St. Michael in Kochel
- Kriegerdenkmal „Schmied von Kochel"
- Kristall-Therme Kochel www.kristall-trimini.de
- Freilichtmuseum Glentleiten www.glentleiten.de

Tourist-Info:

Bahnhofstraße 23
82431 Kochel am See
Tel.: 08851-338
E-Mail: info@kochel.de
www.zwei-seen-land.de/beratung-und-information

Kreuzbichl
644 m
Schlehdorf
St 2062
Loisach
Schleißheimer Straße
Rauter Straße
Haselrieslaine
Raut
Felsenweg
Stein
930 m
Jochbach
Walchensee-
kraftwerk
Altjoch
Birg
B 11
Kesselbergstraße
Heckenbach
Kochelsee
Trimini
Badstraße
Kochel
am See
Alte Straße
Franz-Marc-
Museum
Tiroler Kreuz
Mittenwalder Straße
Kienstein
968 m
Brandenstein
754 m
Graseck
1.240 m
0
300
600 m

Eine Riesenüberraschung
Von den Irrwegen eines Bauern

ab 4 Jahren

Vor langer, langer Zeit, als die Menschen noch glaubten, dass hinter den Bergen die Riesen und Zwerge wohnen – und nicht die Österreicher, ja, da erlebte man Dinge, die waren kaum in Worte zu fassen. So ging es einem Bauern aus der Kochelsee-Gegend. Der war mit seinem Ochsengespann bis nach Mittenwald gefahren, um dort Waren zu holen.

Den ganzen Tag hatte er sich in der Hitze geplagt und die Güter auf sein Fuhrwerk aufgeladen, sodass er einen sauberen Durst hatte. Und Gott sei Dank gab es in Mittenwald das eine oder andere Wirtshaus, in dem er nicht nur etwas zu Trinken, sondern auch noch eine deftige Mahlzeit zur Stärkung bekam, bevor er sich wieder auf den Heimweg machte. Die Sonne stand hoch am Himmel und brannte unbarmherzig auf den Bauern hinab. Na, da war es besser, er würde vorsorgen und noch ein weiteres kühles Helles trinken ...

Doch endlich war es wirklich Zeit. Er schwang sich auf den Sitzbock und ließ ein lautes Schnalzen ertönen, sodass sich seine Ochsen in Bewegung setzten. Gemächlich zogen sie den Karren vorwärts und der Bauer machte es sich auf seinem Kutschbock bequem, kannten seine Rindviecher doch den Weg von selbst. So bot es sich an, derweil ein kleines Schlaferl zu machen ...

So ging es wohl eine lange Weile dahin, als der Bauer plötzlich hochschreckte. Er brauchte einen Moment, um zu kapieren, wo er war: Das Gespann hatte inzwischen den Walchensee erreicht. Aber herrje, was war das? Da ging es auf einmal schwer einen Hügel hinauf, direkt neben dem See.

„Ja, wos is denn des?!", wunderte sich der Bauer. „Wo kimmt etzad der Berg daher? Do is doch noch nia ned a Hügl gwen!"

Er kratzte sich nachdenklich an der Stirn – und griff im nächsten Moment hektisch nach seinem Hut, der ihm fast davongeflogen wäre. „Eha!", rief er. „A Wind ano, wo kimmt etzad so a sakrischa Wind daher?!"

Er blickte sich um, ob er irgendwie einen Föhnsturm ausmachen konnte. Aber alles war unauffällig. Naja, bis auf das Auf-

und Abflauen des Windes, der genau von vornean kam. Seltsam war das!

Und dann wurde der Weg auch noch immer steiler! Die Ochsen mühten sich mehr und mehr, um den schweren Karren den Berg hinaufzuziehen. Der Wind blies ihnen heftig entgegen, der Bauer fluchte und trieb sein Gespann zur Höchstleistung an …

„Sakradi, wos is denn des heid?!“, schrie er gegen das Rauschen des Windes an. „Des gibt’s doch gar ned!“

Aber wie als Antwort gab es urplötzlich einen Riesenknall – Rrrrrrummmmmssss! – und der Bauer spürte nur noch, wie ihn eine heftige Böe packte und mitsamt dem Ochsenkarren in die Luft wirbelte …

Noch ein Schlag – und er war wieder gelandet. Als er die Augen aufmachte, wollte er selbigen gar nicht trauen: Der Walchensee war verschwunden. Stattdessen war er auf einer Wiese, die ihm irgendwie bekannt vorkam, aber … Doch tatsächlich, es war die Wiese, wo er am Vormittag losgefahren war! Diese Wiese bei Mittenwald! Und da standen auch seine Ochsen, die mindestens genauso dumm dreinschauten wie er selbst. Das Fuhrwerk umgeschmissen daneben, alles im Gras verteilt.

„Oh mei, oh mei!“, jammerte der Bauer. „Wos mach ich etzad blos?! Da muaß i ja ois nomoi auflodn. Und des bei dera Hitzn!“

Es half nichts. Er musste den Karren aufstellen, die Ochsen wieder einspannen und die Sachen wieder auf die Pritsche wuchten. Danach war er so erschöpft und vor allem aber so durstig, dass er erst einmal wieder in die Wirtschaft fuhr, trank und aß – und gleich über Nacht dortblieb.

Am nächsten Morgen kam er mit seinem Gespann wieder an den Walchensee. Ja, aber da war keine Spur mehr von dem Hügel neben dem Seeufer! Auch kein Windhauch war mehr zu fühlen. Neben ihm stand nur ein anderer Mann, der das Gras senste.

„Ehm, grias di!“, stotterte unser Bauer etwas verlegen, „derf i di wos fragen?!“

„Ja, was wuisdn?!“, antwortete der Mann, ohne von seiner Arbeit aufzuschauen.

„Oiso, es is a so, dass i gestern scho amoi da lang gfarn bin. Und dann hods da auf amoi an Hügl gebn und an sakrischn Wind! Und dann hods mein Fuhrwerk mit am Mordsschebbara in d'Lufd ghobn – und i bin in Mittnwoid wieda aussa kemma ..."

Da hielt der Mann am Wegesrand inne und sah den Bauern verwundert an: „Du moanst, dass da gestern a Hügl gwen is und a Wind, der di wegblosn hod – mitsamt deine Viecha und dem Wogn?!"

„Ahja, wenn i's dir doch sog!"

Da wurde der Mann ganz ernst: „Etzad pass amoi ganz guad auf, mei Liaba! Des is nämli a so, dass du a narrisches Glück ghabd hobn muasd!"

„Glück, wiaso?!"

„Weil bei uns öfter amoi de Riesn ausm Gebirg ummikemma, ausm Woichasee dringa und dann am Ufer a Schlaferl hoitn ... Verstehstd?!"

Mit einem Schlag wurde der Bauer ganz blass: „Du moanst, dass des gar koa Hügl und Wind ned gwen is, sondern ..."

Mit weit aufgerissenen Augen starrte der Bauer auf den Weg, wo es gestern noch steil bergan gegangen war.

„Jo", nickte der andere. „Des werd a Riese gwen sei! Und der Mordsschebbara war ..."

„... sei Riesnnieser!!!", ergänzte der Bauer tonlos. „Ja, Wahnsinn! Da muaß i glei hoam und dene des verzähln. Des glaubd mir ja koana!"

Er schnalzte laut und seine Ochsen zogen an. Der Mann mit der Sense aber blickte ihm lächelnd und kopfschüttelnd hinterher.

Als der Bauer schließlich zu seiner Familie kam, liefen ihm seine Kinder schon entgegen: „Bapa, endlich kimmst! Wo warst'n so lang?!"

Da erzählte ihnen der Bauer aufgeregt seine Geschichte, sodass sie ihn staunend anschauten und sagten: „Bapa, du bist ja a Held!"

Seine Frau jedoch stand nur in der Tür, die Hände in die Hüften gestützt und sagte: „Wenn du des nächste Moi wieda z'lang in da Wirtschaft hockst, dann werst amoi seng, wira RiesenÄRGER ausschaugt! I rat dir nur: Besser du trinkst ned wieda a paar Bier übern Durscht, dann brauchst ma a nix vo irgendwelche Riesn verzähln! Hosd mi?!"

Mystisch und vor allem eiskalt: die Tiefen des Kochelsees

Eine wundersame Errettung
Vom Föhnsturm überm Kochelsee

ab 6 Jahren

Berge, Seen und Moore sind für uns moderne Menschen häufig Erholungsgebiete. Früher boten sie aber vor allem eine gute Grundlage zum Leben, mit wichtigen Erzeugnissen wie Holz und Erzen, mit Flächen für den Getreideanbau und für die Viehhaltung oder für die Jagd. Zudem sicherten sie Orte und Klöster. Denn Seen und Moore dienten – wie Berge oder Felsen – oft als natürliche Schutzwälle. Was aber, wenn diese im Winter zugefroren waren?!

So fürchtete das Kloster Benediktbeuern im Spanischen Erbfolgekrieg, dass es von den gegnerischen Truppen geplündert werden würde. Der Kochelsee war im kalten Winter von einer dicken Eisschicht bedeckt, ebenso das angrenzende Loisachmoor, das vom Schlehdorfer bis zum Benediktbeurer Kloster reichte. Für die Soldaten wäre es also ein Leichtes gewesen, sie von allen Seiten anzugreifen. In der Mittagszeit des 28. Januar 1704 habe man davon erfahren, so kann man es in der dortigen Anastasia-Kapelle nachlesen. Sogleich habe man inbrünstig Gott um Hilfe angefleht und auch die heilige Anastasia um Fürbitte gebeten, da doch ihr alljährliches Fest am nächsten Tag begangen werden sollte …

Und tatsächlich geschah ein Wunder: Ein Föhnsturm setzte ein! Gegen zwei Uhr nachmittags hatten sich die warmen Winde so an dem Eispanzer von See und Moor zu schaffen gemacht, dass die Flächen um die Klöster weich und matschig und damit zur Gefahr für die nahenden Truppen wurden. Rund 2.000 Mann sollen es gewesen sein, die diesen plötzlichen Wetterumschwung miterlebten und voller Angst flohen. Denn für die Männer stand damit eindeutig fest, dass das Kloster mit dem Himmel im Bunde war und sie besser daran taten, schleunigst diese gottgeschützte Gegend zu verlassen.

Benediktbeurer Loisach- und Mühlenweg 07

Heilige Orte und weltliche Kraft

3:20 h Gehzeit
13,4 km Länge
80 hm | leicht

Im Winter wie im Sommer immer einen Ausflug wert: das Kloster Benediktbeuern

Schon seit jeher haben Menschen bestimmte Orte verehrt und sie zu ihren Kultplätzen erhoben. Diese Runde in Benediktbeuern führt an einigen dieser heiligen Orte vorbei. Sie startet bei Mariabrunn und umrundet das Kloster weitläufig im Loisachmoor, um dann über den Mühlenweg wieder zurückzukehren. Verschiedenste Plätze der Stille in Gotteshäusern und Natur verbinden sich mit historischen Orten des von Wasserkraft geprägten Alltagslebens auf anregende Weise.

Bei ▸ ***Mariabrunn*** im Benediktbeurer Ortsteil Gschwendt gibt es ▸ ***verschiedene Parkplätze***, von denen aus man starten kann. Wir nehmen den Anfang der Runde direkt an dem ▸ ***kleinen Platz am Lainbach***, der mit einer ▸ ***Marienkapelle***, mit Marterl und Kreuzen versehen ist. Seit 1880 etwa verehren insbesondere die Gschwendtner hier die Muttergottes und kommen mit ihren Sorgen und Anliegen zu ihr. So ist dieser schlichte Ort angefüllt mit Blumen, Kerzen und Gebeten und regt dazu an, den Ausflug dieses Tages bewusst mit einem Wunsch oder einem Gedanken der Dankbarkeit zu beginnen.

Von hier aus nehmen wir die ▶ ***Mariabrunn-Straße nach Nordwest*** in Richtung des schmucken Ortes. Dann biegen wir ▶ ***rechts in die Dorfstraße*** und lassen uns hinunter zum Kloster führen. Vorbei an alten Häusern und kleinen Läden, vorbei an der um 1964 erbauten ▶ ***Marienkirche***, die einen Zwischenstopp wert ist, ▶ ***über die Kreuzung in die Bahnhofstraße.*** Nach einer guten halben Stunde sind wir am ▶ ***Kloster*** angelangt.

Für zahlreiche Benediktbeurer ist Mariabrunn ein oft besuchter Ort der Einkehr und des Kräftesammelns.

Wer möchte, kann die weitläufigen Anlagen des Klosters und der ehemaligen Philosophisch-

Selten ist es hier so leer. Meist tummeln sich im Kloster Studierende, Gläubige und Besucher.

Theologischen Hochschule sowie die vielen kleinen Nebengebäude erkunden. Dazu gehören neben Kirche, Kapelle und Friedhof zahlreiche historische Räume, ein Kräutergarten, ein Klosterladen, zwei Cafés, das Klosterbräustüberl, eine Klostergärtnerei, die Fraunhofer Glashütte und, und, und ... – Zeugnisse der wechselvollen Geschichte des Klosters **Geschichte S. 86**.

Wer eher die Natur sucht, wandert mit uns gleich ▸ *Richtung Loisachmoor.* Der schönste Weg ist dabei zuerst ▸ ***nach Süden am Kloster entlang***, beim Klosterbräustüberl den ▸ ***Zeilerweg rechts***, dann wieder rechts und ▸ ***durch einen kleinen Torbogen***, am Friedhof vorbei und am Kräutergarten-Labyrinth ▸ ***weiter Richtung Westen***. Endlich erreichen wir dort den ▸ ***Moosmühlweg*** mit einer herrschaftlichen Allee und dem Schmetterlingspfad, welche uns zum Beginn des Moores geleiten. Auch einige Stationen des Mühlenwegs sind hier schon zu entdecken.

An einer Landkarte dort können wir uns orientieren und die passende Runde für uns wählen. Wir wählen die große Runde und gehen dafür auf dem ▸ ***rechten Forstweg Richtung Nordwesten*** (zum Segelflugplatz) weiter. Dabei geht es an ▸ ***Erlebnisbiotopen*** vorbei, einem Barfußpfad und einer Vogelbeobachtungsstation, ein besonders im Winter fröhlich zwitscherndes Vergnügen, da man die Piepmätze durch Gucklöcher in der Holzwand beim Futtern beobachten kann.

Durch Wiesen und Wälder geht es fröhlich dahin – nicht nur auf vier Beinen.

Am Flugplatz folgen wir dem ▶ ***Forstweg Richtung Westen*** bis er einen Knick nach links macht und gut 100 Meter weiter ▶ ***die Loisach erreicht***. Nun begleitet ein illustrer ▶ ***Pfad den Fluss nach Süden***, mal durch die luftigen Auwälder, mal an Wiesen vorbei. Rechts gleitet die Loisach leise murmelnd dahin und lädt auf ihre Weise dazu ein, ihr allen seelischen Ballast mitzugeben, den man noch mit sich trägt …

Nach nunmehr etwa zwei Stunden Fußmarsch gibt es die erste Möglichkeit, ▶ ***links in einen Forstweg*** abzubiegen und zum Kloster zurückzukehren. In einem knappen Kilometer bietet sich die nächste. Über sonnengeflutete Moorwiesen geht es ▶ ***in Richtung Osten zur Bahnlinie*** und dort ▶ ***auf westlicher Seite wieder zum Kloster nach Norden***. Zum zweiten Mal haben wir die Gelegenheit, die vielen Einkehrmöglichkeiten und Sehenswürdigkeiten dort zu besuchen – und vor allem der lustigen Sage zu lauschen, die von einem falschen, aber umso frecheren Abt des Konvents erzählt **Geschichte S. 87**.

Frisch und munter geht es von hier aus wieder hinauf, diesmal nicht fluss-, sondern bachaufwärts. Denn nun wartet der ▶ ***Mühlenweg*** mit seinen interessanten Stationen auf uns, der über die Nutzung der Wasserkraft informiert. Denn wie in Bad Tölz der Ellbach, war es hier der Mühlbach, der für das Betreiben von Mühlen, Sägen und Schmieden und damit für stetige Arbeitsmöglichkeiten sorgte.

Der ▸ ***Stationenweg*** ermöglicht zahlreiche Entdeckungen und schlängelt sich zwischen Wiesen und Häusern anregend durchs Dorf. Dazu gehen wir von der Fraunhofer Glashütte aus ▸ ***über den Bahnübergang***, dann kurz ein ▸ ***Wegerl an der Rieder Straße Richtung Süden*** und dann ▸ ***links das beschilderte Spitzwegsteigerl*** am Mühlbachdamm nach Osten. Am Klosterweiher entlang geht es weiter zur ▸ ***Langenwalterstraße, dort rechts,*** dann ▸ ***über die Kocheler Straße*** und leicht ▸ ***links versetzt in den Schärfmühlweg*** hinein.

Keine Sorge, die Route ist gut beschildert und leicht zu finden. Auch kann man sich im Internet entsprechende Informationen herunterladen (siehe Besonderheiten). Verschiedene Bauarten von Mühlrädern können erkundet werden, alte Sägen, Mahl- und Ölschlagmühlen werden vorgestellt. Aber auch der Weg selbst ist lohnenswert und zeigt Benediktbeuern von einer ganz anderen Seite, als man es sonst kennt. Über den ▸ ***Tobias-Öttl-Weg*** erreichen wir wieder Gschwendt und sind etwa 3,5 Stunden Wanderzeit später und unzählige Impulse reicher wieder an unserem Ausgangspunkt angelangt.

Zu jeder Jahreszeit reiht sich rund um Benediktbeuern ein Bilderbuchmotiv ans nächste.

Benediktbeurer Loisach- und Mühlenweg

3:20 h Gehzeit | 13,4 km Länge | 80 hm | leicht

Ausgangspunkt in 83671 Benediktbeuern:

Parkplätze bei Mariabrunn

Weg:

Überwiegend sonnig. Großteils auch nach Regen- und Schneefällen gut begehbar (Ausnahme Pfad am Loisachufer); im Winter überwiegend geräumt.
Mühlenweg mit 17 Stationentafeln gut beschildert; Loisachwege mit Übersichtstafeln anfangs beschildert, später nur teilweise.

Besonderheiten:

- Mariabrunn
- Historischer Dorfkern
- Klosteranlage mit Kirche
www.benediktbeuern.de/hoerpfad
- Loisachmoor-Weg mit Erlebnisbiotopen
- Mühlenweg mit 17 Stationen
www.benediktbeuern.de/muehlenweg

Einkehr:

- Kloster-Café (Refektorium!)
www.kloster-benediktbeuern.de/Kloster/Kloster-Cafe
- Café im Kräuter-Erlebnis-Laden
www.kraeuter-erlebnis-laden.de
- Klosterbräustüberl
www.klosterwirt.de
- Otti's Eis- und Cafégarten
www.ottis-cafe.de
- Gastronomie Benediktbeuern

Zuganfahrt:

Fahrt mit dem Zug nach Benediktbeuern; Start vom Bahnhof neben dem Kloster

Variationen:

Man kann beide Wege getrennt gehen: nur die östliche Runde durchs Dorf mit dem Mühlenweg (ca. 6 km) oder die westliche Runde vom Kloster ins Loisachmoor (ca. 9 km).
Verlängern kann man im Loisachmoor nach Norden (Bichl) oder Süden (Ried). Oder mit einer Bergrunde nach Osten auf den Buchenauer Kopf (1.225 m) oder auf den Schwarzenbergkopf (1.233 m).

Tipps:

- Fraunhofer Glashütte (Ausstellung)
www.benediktbeuern.de/fraunhofer-glashuette
- Klosterladen Benediktbeuern
www.klosterladen-benediktbeuern.de
- Klostergärtnerei Benediktbeuern
www.klostergaertnerei.de

Tourist-Info:

Prälatenstraße 3
83671 Benediktbeuern
Tel.: 08857-248
E-Mail: tourismus@benediktbeuern.de
www.benediktbeuern.de

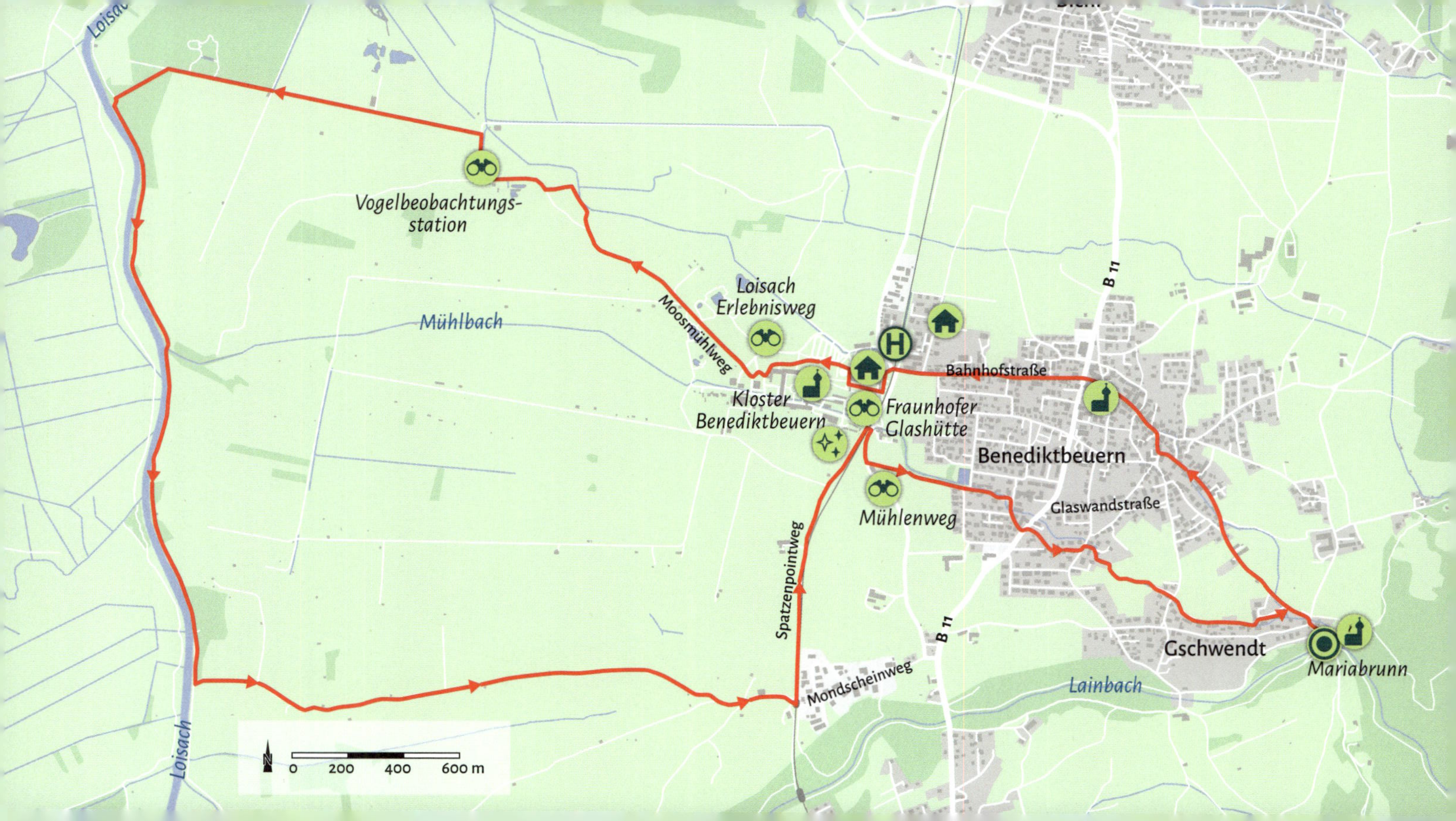

Vogelbeobachtungs-
station
Mühlbach
Loisach
Erlebnisweg
Moosmühlweg
Kloster
Benediktbeuern
Fraunhofer
Glashütte
Bahnhofstraße
B 11
Benediktbeuern
Glaswandstraße
Mühlenweg
Spatzenpointweg
Mondscheinweg
Gschwendt
Mariabrunn
Lainbach
Loisach
0 200 400 600 m

Abtei, Gefängnis und kulturelles Zentrum
Von der Geschichte des Klosters Benediktbeuern

ab 8 Jahren

Die Ursprünge des Klosters „Buron" gehen wohl auf die Zeit um 725 zurück, als es an günstiger Stelle auf dem Weg nach Rom als weltlicher Wach- und Kontrollstützpunkt errichtet wurde. Erst um 740 herum wurde es als Benediktinerabtei begründet und St. Jakob und St. Benedikt gewidmet. Von Anfang an kennzeichnete eine Schreib- und Unterrichtsschule dieses Kloster, das später auch verschiedenste Studien betrieb und ein Gymnasium beherbergte.

Im 10. Jahrhundert waren die Klöster im Umland durch ungarische Horden zerstört worden, sodass nach dem Wiederaufbau auf nördlicher Seite das Kochler Frauenkloster bis ins 14. Jahrhundert seinen Sitz hatte, was den doppelten Abtstab im Wappen erklärt. Durch Benediktiner aus dem Kloster Tegernsee wurde der Konvent in Benediktbeuern neu besetzt und die Klosterbibliothek im Laufe der Jahrhunderte hervorragend ausgebaut.

Im Jahr 1490 wurden zentrale Gebäude durch einen Brand zerstört. Der Dreißigjährige Krieg machte schließlich höhere Studien unmöglich. Bereits 1689 wurde das Gymnasium jedoch mit sprachlichen, musischen, mathematischen und botanischen Schwerpunkten in den kurz zuvor barock wieder erbauten Klostergemäuern neu eröffnet. Die Hochschule entstand und nach dem Kochelsee-Wunder (siehe Geschichte S. 78) auch um 1750 die Anastasiakapelle im Nordosten des Klosters.

Im Zuge der Säkularisation wurde das Kloster 1803 aufgelöst, in seiner Bibliothek fand man dabei die Carmina Burana, eine bedeutende Sammlung von Liedern und Texten aus dem 13. Jahrhundert, die nun in der Bayerischen Staatsbibliothek aufbewahrt wird.

Danach beginnt eine sehr wechselvolle Geschichte: Joseph von Fraunhofer konnte mit Unterstützung von Joseph von Utzschneider in dem Gebäudekomplex eine Glashütte für seine Forschungen errichten. Der Bayerische Staat nutzte das Kloster ab 1818 als militärischen Fohlenhof, dann als Kaserne, Genesungsheim, Gefängnis und schließlich als landwirtschaftlichen Reichsbetrieb. Die Klosterbrauerei musste 1925 schließen.

Seit 1930 wird das Kloster von den Salesianern Don Boscos wieder für ihre Ordensgemeinschaft genutzt. Heute ist es als Katholische Stiftungshochschule für Religions- und Sozialpädagogik mit seiner Jugendherberge sowie seinem Aktionszentrum und Zentrum für Umwelt und Kultur weit ins Umland hinaus bekannt und hat sich nicht zuletzt als kultureller Höhepunkt im Loisachtal einen Namen gemacht. Vor allem aber bieten seine ehrwürdigen Gebäude, Kreuzgänge und Gotteshäuser jedermann zu jeder Jahreszeit einen wohltuenden Ort der Kontemplation.

Ein Küchenjunge mit klugem Köpfchen
Vom falschen Abt in Benediktbeuern

ab 6 Jahren

Auch wenn die Geschichtsbücher die Geschehnisse des Dreißigjährigen Kriegs im Oberland ganz anders beschreiben,* so gibt es eine in Bayern häufiger zu findende Sage, die auch in Benediktbeuern von einer wundersamen Rettung des Klosters vor der Zerstörung durch die schwedischen Truppen erzählt – und das auf höchst amüsante und originelle Weise:

„Kloster ohne Sorgen" prangte demnach auf einem Torbogen in der wunderschönen Anlage der Benediktbeurer Abtei. Das galt auch für viele Jahrhunderte, bis schließlich der Dreißigjährige Krieg das Land in Angst und Schrecken versetzte. Der Schwedenkönig Gustav Adolf selbst war es, der das Benediktbeurer Kloster in Augenschein nahm und sich höchstpersönlich an dessen Schätzen bediente. Dabei stieß er just auf diese Inschrift und ließ sogleich den Abt vorführen: „Ein Kloster ohne Sorgen seid ihr? Wie das? Weil ihr so viele Reichtümer habt?!" Als er das fragte, konnte er seinen gierigen Blick nicht verbergen.

Der Abt antwortete ihm kühl, dass das Kloster seine Ländereien gut führe und deshalb ein jeder dort ein gutes Ein- und Auskommen habe. Sorgen seien ihnen im Oberland daher fremd.

„So, so …", sinnierte der König daraufhin, „keine Sorgen also. Nun, dann wird es höchste Zeit, euch ein paar gewaltige zu bereiten!" Seine Stimme hatte einen gefährlichen Ton angenommen und seine Augen blitzten boshaft auf.

„Höre zu, sorgenfreier Abt, bis morgen früh hast du Zeit, mir folgende Fragen zu beantworten, um euer Kloster zu retten: Erstens, wie viele Sterne stehen am Firmament? Zweitens, wie weit ist es in den Himmel? Und drittens, wie weit sind Glück und Unglück voneinander entfernt? Na, das wird ein Mann Gottes, wie du einer bist, doch wohl beantworten können! Denn nur dann, lasse ich dein Kloster bestehen!" Gustav Adolf ließ ein hässliches Lachen ertönen: „Aber falls nicht, nun, dann werden meine Männer ihre wahre Freude daran haben, euer hübsches Kloster ohne Sorgen in Schutt und Asche zu legen!"

Mit diesen Worten ließ er den vor Angst erblassten Abt zurück und verschwand in seine Gemächer. Der Klostervorsteher jedoch zog sich eilends in die Bibliothek zurück, um dort die Antworten auf die drei Fragen zu finden. Doch so sehr er auch suchte, er fand nichts. Die ganze Nacht grübelte er mit Angstschweiß auf der Stirne. Doch die rechten Antworten wollten ihm nicht einfallen.

Völlig übernächtigt saß er am nächsten Morgen beim Frühstück, als ihn der Küchenjunge auf seine schlechte Verfassung ansprach. Erschöpft erzählte der Abt von seiner Unfähigkeit, die Fragen zu beantworten, und von dem drohenden Unheil für das Kloster.

„Ja, wenn das alles ist, was Euch Sorge bereitet, dann lasst Euch helfen!", lächelte der Küchenjunge den geistlichen Herrn schelmisch an. „Überlasst mir einfach Euer geistliches Gewand und Eure Insignien und unser Kloster wird weiterhin keine Sorgen haben!"

Der Abt sah ihn etwas skeptisch an. Was wollte der junge Bursche schon ausrichten gegen die Macht der unbarmherzigen Schweden. Aber was für eine andere Möglichkeit hatte er, als die Geschicke des Konvents in die Hände dieses vorwitzigen Küchenjungen zu geben ...

Und so kam es, dass der Küchenjunge kurz darauf als Abt verkleidet vor den Schwedenkönig trat.

„Dann wollen wir doch mal sehen, was es mit eurem Kloster ohne Sorgen auf sich hat!", sprach Gustav Adolf mit einem zynischen Lächeln. „Drum gleich zur ersten Frage: Wie viele Sterne stehen am Firmament? Und, weißt du's?!"

Gut versteckt kann man an der Vogelbeobachtungsstation den Piepmätzen beim Futtern zuschauen.

„Aber natürlich!", antwortete der falsche Abt keck. „Wenn es jemand weiß, dann wir hier im Kloster. Wobei ich gleich einflechten möchte, dass solche einfachen Aufgaben ja sogar unser Küchenjunge erledigen könnte! – Darf ich euch nun in den Hof des Klosters bitten?"

Verwundert folgte der Schwedenkönig dem vermeintlich geistlichen Herrn zu einem dort stehenden Esel: „Eure Majestät, hier ist des Rätsels Lösung! Denn dieser Esel hat exakt genauso viele Haare auf seinem Körper, wie es Sterne am Himmel gibt. Und wenn droben einige Himmelskörper verglühen, so fällt diesem Esel genau diese entsprechende Anzahl an Haaren aus. – Ihr könnt es gerne nachzählen, wenn Ihr möchtet!"

„Nun, nun", gab der Schwedenkönig überrascht und leicht irritiert zurück. „Ich sehe schon, die erste Frage war gar zu einfach. Lass uns sehen, welche Antwort du für die zweite Frage parat hast: Wie weit ist es bis zum Himmel?"

„Das ist wohl eine noch simplere Frage", gab der freche Bursche im Abtgewand zurück. „Denn himmlische Dinge sind ja unsere Spezialität! Zwischen hier und dem Himmel gibt es bekanntermaßen kein Wirtshaus. Drum ist die Seele, wenn sie den Körper verlässt, auch schon im nächsten Augenblick bei Gott. Daraus die Entfernung genau abzulesen, dürfte einem gebildeten Mann, wie Ihr es seid, nicht schwerfallen."

Nun musste sich Gustav Adolf allmählich ein leichtes Grinsen verkneifen, denn er hatte zum einen Sinn für Humor und zum anderen schwante ihm allmählich, dass sich da jemand mit kühnen Antworten einen Scherz mit ihm erlaubte.

„Gut, dann noch zur dritten Frage", schmunzelte er. „Wie weit sind Glück und Unglück auseinander?"

„Das nun ist die allereinfachste Frage von allen: Denn Glück und Unglück liegen so weit auseinander wie Vorhin und Jetzt!"

Der König runzelte die Stirn.

„Ganz einfach", ergänzte der schlaue Bursche. „Vorhin war ich noch ein einfacher Küchenjunge und jetzt bin ich schon Abt dieses Klosters!"

Da erkannte der Schwedenkönig, dass er hier von dem jungen Mann zwar hinters Licht geführt, aber zugleich von ihm mit seiner Schlagfertigkeit und seinen Rätselkünsten bravourös übertroffen worden war. Er lachte laut auf, klopfte dem jungen falschen Abt anerkennend auf die Schulter und hielt schließlich sein Versprechen, das Kloster Benediktbeuern zu verschonen.

In der Abtei kehrte nach dem Abmarsch der schwedischen Truppen wieder Ruhe und Frieden ein. Der Küchenjunge aber wurde groß gefeiert. Ja, und davon, dass er als junger Bursche den Schwedenkönig so exzellent an der Nase herumgeführt hat, davon erzählt man sich heute noch.

* Historischen Quellen zufolge war der Schwedenkönig Gustav Adolf nicht so weit in den Süden Deutschlands vorgedrungen, seine mordenden und plündernden Truppen sehr wohl. Insbesondere auf den Reichtum der wohlhabenden Klöster hatten sie es abgesehen (siehe Geschichte S. 78). Und dabei gingen sie wenig zimperlich vor. So sollen sie das Kloster in Benediktbeuern nicht nur ausgeraubt, sondern auch den Abt umgebracht haben. Diese Sage vom klugen Küchenjungen ist also, zumindest mit Blick auf Benediktbeuern, eher als eine schelmische Geschichte zu verstehen, mit der man den mächtigen Schweden zumindest rückwirkend noch eins auszuwischen vermochte.

Erste Hilfe am Wegesrand

Wie schnell kann es beim Wandern passieren, dass man sich den Fuß verstaucht, sich eine kleine Schürfwunde zuzieht oder von einem Insekt gestochen wird. Wir stellen hier eine Auswahl an Heilkräutern zusammen, die eine Art Erste-Hilfe-Apotheke am Wegesrand bieten. Dabei gilt:

- Bitte alle Pflanzen zudem in Literatur oder Internet anschauen, um sie exakt bestimmen zu können.
- Bei ernsthaften Verletzungen oder Insektenstich-Allergien unbedingt ZUERST ärztliche Hilfe anfordern. Tiefe, klaffende oder verschmutzte Wunden nur vom Arzt behandeln lassen.
- Wenn möglich sollte man die Pflanzen vor der äußerlichen Anwendung kurz mit Trinkwasser oder auch Tee übergießen und von eventuellen Verschmutzungen reinigen.
- Die gesäuberten Pflanzen bitte nur äußerlich anwenden.
- Wenn die zerdrückten Blätter im Handballen mit Spucke zerrieben werden, erhöht das die Wirksamkeit.
- Auf alle Fälle gehört ein Erste-Hilfe-Set in jede Wandertasche, bei Klettertouren auch ein Kühlpack!

Der Spitzwegerich

Bei Schürfwunden, Verletzungen und Insektenstichen

Ein wahrer Geheimtipp sind die Wegerich-Arten bei Problemen, die einen typischerweise beim Wandern ereilen können. Und das Geniale dabei ist, dass der Spitzwegerich zu den am weitesten verbreiteten Pflanzen gehört. Einfach mal am Wegesrand nachsehen oder auf Wiesen und Weiden, ganz oft findet man ihn hier. Er ist vor allem bei Insektenstichen sensationell! Ich habe es selbst mehrfach ausprobiert. Und als „grünes Pflaster" funktioniert er auch bei Verletzungen.

Anwendung: ***Blätter wenn möglich mit Wasser reinigen, dann zerdrücken und um die kleine Wunde wickeln oder auch mit Spucke zerreiben und dick auftragen.***

Der Breitwegerich

Bei Verletzungen, Insektenstichen, müden Füßen und Blasen

Das geübte Auge erkennt seine Verwandtschaft mit dem Spitzwegerich an den ähnlich strukturierten Blättern. Doch macht der Breitwegerich seinem Namen alle Ehre und entwickelt fast runde Blätter. Wie sein schlanker Bruder ist auch er bei Verletzungen und Insektenstichen hilfreich, doch hat er noch eine Besonderheit: Ihm kann man müde Füße und sogar Blasen getrost anvertrauen. Einfach das Blatt abzupfen, mit der Unterseite auf die Haut legen, Socken drüber und es kann weitergehen!

Anwendung: ***Bei Bedarf die Blätter mit Wasser reinigen, dann auflegen.***

Die Schafgarbe

Bei Blutungen und Wunden

Im Volksmund nannte man sie häufig „Achilleskraut“, weil sie ein wahres Wunderwerk an Heilkräften besitzt. Für uns ist bei ihrem Einsatz als Ersthilfe-Pflanze vor allem ihre blutstillende und wundheilende Wirkung von Interesse. Die Schafgarbe mit ihren gefiederten Blättern wächst vorzugsweise an lichten Wegrändern, auf Wiesen und Weiden und ist deshalb beim Wandern häufig zu finden.

Anwendung: ***Blätter wenn möglich mit Wasser reinigen, dann zerdrücken oder auch mit Spucke zerreiben und dick auftragen.***

Der Stinkende Storchschnabel

Bei Wunden und Ohrenschmerzen

Bei seinem lustigen Namen kommt man gar nicht auf die Idee, dass er ein Helfer in der Not sein könnte. Da trifft es die mittelalterliche Bezeichnung „Gottesgnadenkraut“ schon viel besser. Der Storchschnabel wächst vor allem an schattigen und eher unspektakulären Fleckchen, wie Gehölzen, Holzstapeln und Mauerresten, wo wir kaum eine der anderen hier genannten Pflanzen finden würden. Der besondere Tipp: Wer bei kaltem Wetter schnell Ohrenschmerzen bekommt und beim Wandern seine Mütze vergessen hat, knüllt einfach eines der grünen, manchmal auch rötlichen Blätter zusammen und steckt es sich ins Ohr (natürlich nur so weit, dass man es gut wieder herausbekommt).

Anwendung: ***Die Blätter zerdrücken und auflegen oder in den äußeren Bereich des Ohres stecken.***

Das Gänseblümchen
Bei Wunden, Quetschungen, Verstauchungen

Als „Tausendschön" wird es gerne bezeichnet, weil es fast das ganze Jahr über wie unzählige Sternchen die grünen Wiesen ziert – zumindest, wenn diese nicht überdüngt sind. Dass das Gänseblümchen so häufig anzufinden ist, macht es als Nothelfer beim Wandern besonders wertvoll, weil es oftmals schnell zur Hand ist.

Anwendung: ***Blüten und Blätter wenn möglich mit Wasser reinigen, dann zerdrücken oder auch mit Spucke zerreiben und dick auftragen.***

Das schmalblättrige Weidenröschen
Bei Verletzungen und Schürfwunden

An Wegesrändern und Böschungen, also besonders auf sonnigen, kargen Flächen, reckt das Weidenröschen seine pinkfarbenen Blüten ins Licht. Während es für die Landwirtschaft heute eher als Unkraut gilt, war es früher eine gern gesehene Heilpflanze, die vor allem innerlich angewandt typischen Männerleiden Abhilfe schaffen soll. Für uns reicht diesmal die äußerliche Anwendung und zwar für Wunden. Denn das schmalblättrige Nachtschattengewächs ist antibakteriell, entzündungshemmend, wundheilend und noch dazu blut- und schmerzstillend. Perfekt also für unsere Erste Hilfe am Wegesrand!

Anwendung: ***Bei Bedarf die Blätter mit Wasser reinigen, dann zerdrücken oder auch mit Spucke zerreiben und dick auftragen.***

Der Gemeine Hohlzahn
Bei Stürzen und Schwellungen

Diese kleine unscheinbare Pflanze kann man an Gartenzäunen, Äckern, Wegrändern, auf Schuttplätzen und in bergigen Lagen entdecken. Uns schenkt sie vor allem dann Unterstützung, wenn man gestürzt ist und eine Schwellung entsteht. Wächst in schnell erreichbarer Nähe ein Hohlzahn, bietet es sich an, die zerdrückten Blätter auf die Schwellung zu legen und die kühlende, lindernde Wirkung zu nutzen.
Anwendung: ***Blätter wenn möglich mit Wasser reinigen, dann zerdrücken oder auch mit Spucke zerreiben und dick auftragen.***

Die kleine Braunelle
Bei Wunden und Verbrennungen

Ihr altertümlicher Name „Gottheil" verrät, wie bedeutsam die kleine Braunelle einst in der Pflanzenheilkunde war. Heute ist sie in Europa eher in Vergessenheit geraten. Dabei kann man mit ihren Blättern nicht nur die Wundheilung unterstützen, sondern auch Verbrennungen lindern. Ihre Wirkstoffe sind unter anderem zusammenziehend, entzündungshemmend und regenerierend. Manchem hilft der frische Pflanzensaft sogar bei durch zu viel Sonne entstehenden Lippenherpes – in diesem Fall einfach direkt draufträufeln.
Anwendung: ***Blätter wenn möglich mit Wasser reinigen, dann zerdrücken oder auch mit Spucke zerreiben und dick auftragen***

Der Huflattich und die Pestwurz

Bei Sonnenbrand und wundgelaufenen Füßen

Zum Abschluss der kleinen Wegesrand-Apotheke hier noch ein kniffliger Fall, der deutlich macht, dass man wirklich gut daran tut, sich die Unterscheidungsmerkmale der Pflanzen gut einzuprägen: Huflattich und Pestwurz. Beide blühen sehr zeitig im Frühjahr an sonnigen Stellen zwischen den Schneeresten. Die Blätter kommen bei beiden Pflanzen erst nach der Blüte zum Vorschein. Sie sehen sich – hufeisenförmig mit gezackten Rändern – sehr ähnlich, nur dass die Blätter der Pestwurz bis zu 60 Zentimeter groß werden können. Der Huflattich wurde früher auch als „Hitzeblatt" bezeichnet, weil er bei Sonnenbrand kühlt und die Rötung nimmt. Für uns hilft das im Fall der Fälle, wenn wir die Blätter kurz zerquetschen und dann auf die roten Hautstellen legen.

Seine Schwester, die Pestwurz, schenkt stattdessen bei wundgelaufenen Füßen Linderung. Dazu die gereinigten Blätter auf die Fußsohlen legen und die Socken wieder drüberziehen. Gegen Sonnenbrand hilft die Pestwurz mit ihren riesigen Blättern bestenfalls als Hut. Doch in einem Fall sind gar beide Blätter stets praktisch zur Hand, denn nicht umsonst werden sie das umweltfreundlichste „Klopapier des Wanderers" genannt.

Anwendung: ***Vor dem Aufbringen auf die Haut die Blätter mit Wasser reinigen, dann zerquetschen und auflegen.***

Jachenauer Wasserfall 08

Von sprudelnden Quellen des Glücks

2:45 h Gehzeit
9,4 km Länge
157 hm leicht

Ein herrlicher Ausflug für die ganze Familie: der Jachenauer Wasserfall

Manchmal sucht man in seinem Leben händeringend nach dem Glück – und manchmal fällt es einem unvermutet in den Schoß. So wie bei dieser anmutigen Tour wie aus dem Nichts ein herrlicher Wasserfall vor uns auftaucht. Je nach Wetterlage der vorangegangenen Tage rauscht das Wasser dabei laut und ungestüm die meterhohen Felsen herab oder plätschert fast heimelig als kleines Bächlein über das Gestein. Zu jeder Jahreszeit ist es also ein wundervolles Erlebnis, diesen Ort der zauberhaften Wasserfall-Energie zu erwandern.

Zahlreiche Touren nehmen am ▸ ***Wanderparkplatz beim Jachenauer Schützenhaus*** ihren Anfang; ein reich bestückter Schilderwald zeigt in alle Richtungen. Wir jedoch steigen gleich ▸ ***nach Norden über ein Brücklein*** in eine andere Welt. Ein ▸ ***schmaler Weg*** windet sich an dem Bach, der Großen Laine, entlang, stetig höher

Goldglänzend präsentiert sich die Jachenau in vielerlei Hinsicht.

hinauf. Vorbei an goldgelb schimmernden Wassern, an umspülten Felsbrocken und schon einem ersten kleineren Wasserfall. Im Frühling umfangen einen die Buchen mit zartem Grün, im Herbst mit ockerfarbenen Blättern.

Gut eine halbe Stunde geht es beschwingt auf diesem Pfad dahin, bis wir auf einen ▶ ***Forstweg stoßen und ihm nach rechts*** folgen. Im Sommer bewohnen meist junge Rinder die grünen Weiden hier und wollen beim Grasen nicht weiter gestört werden. Zehn Minuten später überlassen wir sie auch schon wieder ihrem schmatzenden Vergnügen und biegen ▶ ***rechts beim zweiten beschilderten Abzweig wieder in den Wald*** hinein. Bald findet unser Weg zurück an die Große Laine und steigt mit uns gemütlich bergan.

Das Wasser rauscht neben uns ins Tal und schenkt im Sommer erfrischende Kühle. Die Bäume sind oftmals dick in grünes Moos gepackt, die Steine von Flechten marmoriert. Auch ein ▶ ***Durchschlupf zwischen zwei Felsen*** versteckt sich am Wegesrand und schenkt uns eine der seltenen Gelegenheiten, durch einen solchen Naturbogen bewusst hindurchzukriechen und alle Sorgen hinter sich zu lassen …

Flugs geht es nun über eine Brücke und wir erreichen nach einer knappen Stunde Gehzeit erneut einen ▶ ***Forstweg, dem wir links nach Norden*** folgen. Während uns vorher die Bäume greifbar nah Geleit schenkten, weitet sich hier das Tal und die Berghänge öffnen sich. Genussvoll streckt sich die Große Laine in ihr breites Bachbett und lädt zum Klettern oder Verweilen auf den großen Gesteinsbrocken ein.

Wer es geschafft haben sollte, bis hierher seine Alltagslasten mit sich heraufzutragen, wird spätestens beim ▶ ***Abzweiger an der Lainl-Alm*** gar nicht mehr anders können, als sich dem Zauber dieses leuchtenden Bergfleckchens zu öffnen. Kurz geht es über eine blumenreiche Wiese, dann nimmt uns murmelnd der Glasbach in Empfang und lotst uns ▶ ***weiter nordwärts***. Märchenhaft muten Wiesen und Bäume hier an. Gar mystisch wirken die sogenannten Kuhtrittmuscheln an, die auf ausgedienten Fundamentsteinen nordöstlich der Alm mitten im Gras zu finden sind. Eigentlich sind es Versteinerungen von Megalodonten, die früher als Abwehrzauber ausgewählt und verbaut wurden.

Noch einmal geht es ▶ ***über ein Bruckerl*** und kurz darauf stehen wir auch schon am Fuße des ▶ ***Glasbach-Wasserfalls***, der hier wie aus dem Himmel zu Boden rauscht. Im Sommer lockt ein kurzes Bad, zu jeder anderen Jahreszeit eine kleine Brotzeit. Vor allem aber lässt sich die Sage von der Goldquelle

Sollten das Böse abwehren: versteinerte Muscheln bei der Lainl-Alm

in der Jachenau wohl an keinem anderen Platz so wunderbar erzählen **Geschichte S. 104**.

Für alle Bergfexe ist der Wasserfall auf etwa 930 Metern Höhe übrigens erst der Ausgangspunkt zu weiteren großen Touren, wie etwa zum Latschenkopf (1.487 m), zur Glaswand (1.496 m) oder zur Benediktenwand (1.800 m). Für uns ist er schon das Ziel unserer Tour, denn auf dem Rückweg wartet im Sommer ja noch die Lainl-Alm nachmittags mit Kaffee und Kuchen oder einem deftigen Brotzeitbrettl auf uns. Dabei kann es durchaus vorkommen, dass uns Scharen von ansonsten selten gewordenen Schmetterlingen Gesellschaft leisten. Kein Wunder, bei der außergewöhnlichen Blütenvielfalt ringsum.

Im Durchschlupf nahe der Laine-Brücke kann man alle Sorgen abstreifen.

Leicht zu finden und gut beschildert schwingt sich der Weg angenehm hinauf.

Deshalb hat an dieser Stelle noch eine weitere meiner Lieblingsgeschichten ihren Platz gefunden. Entsprungen ist sie der Feder des bekanntesten österreichischen Märchenschreibers, nämlich Folke Tegetthoff. 2018 hatte ich das Vergnügen, auf seinem internationalen „Storytelling Festival“ mit den hier niedergeschriebenen bayerischen Sagen zu Gast zu sein. Mit seiner Geschichte entführt er uns in das Reich der Blume der Liebe. Und wer weiß, vielleicht ist sie ja auch hier auf der Lainl-Alm zu entdecken … **Geschichte S. 106**.

Ob mit oder ohne Blume, gewiss aber mit einem warmen Gefühl der Lebensfreude im Herzen nehmen wir ▸ ***denselben Weg wieder zurück*** ins Tal, den wir heraufgekommen sind. Eine andere Route über den Forstweg wäre möglich, ist aber nicht halb so schön. Und so geht es ▸ ***von der Alm den Forstweg links nach Süden***, dann ▸ ***rechts an der Großen Laine*** hinunter, über die Brücke, zurück zu dem ▸ ***Forstweg durch die Viehweide***, dann ▸ ***links den verwunschenen Waldpfad*** hinunter bis uns das letzte Bruckerl wieder zurück in die normale Welt schubst – angefüllt mit goldstrahlenden Bildern der letzten drei bis vier Stunden unserer Wasserfall-Wanderung.

Jachenauer Wasserfall

2:45 h Gehzeit | 9,4 km Länge | 157 hm | leicht

Ausgangspunkt in 83676 Jachenau:
Parkplatz am Schützenhaus, Dorf 71/8

Weg:
Ganzjährig begehbar, im Winter nur bei moderatem Schnee. Weiße Beschilderung „Wasserfall".

Besonderheiten:
- Waldpfad am Bach entlang
- Durchschlupf
- Großer Wasserfall
- Blumenreiche Almwiese
- Im Sommer bewirtschaftete Lainl-Alm (siehe Einkehr)

Einkehr:
- Lainl-Alm (12 bis 18 Uhr, ca. von Mitte Juni bis Anfang Oktober) www.coelestinhof.de/die-lainl-alm
- Zum Dannerer www.jachenau.de/a-cafe-loipenstueberl-beim-dannerer
- Gasthof Jachenau www.hotel-gasthof-jachenau-toelzer-land.de/
- Schützenhaus Jachenau www.jachenau.de/schuetzenhaus-jachenau
- Gastronomie Jachenau

Zuganfahrt:
Fahrt mit dem Zug nach Lenggries, Bus 9595 nach Jachenau, Ausstieg „Jachenau-Dorf Post"

Variationen:
Verkürzen lässt sich der Weg durch Umkehren oder über einen Forstweg auf westlicher Seite. Erweitern lässt sich die Tour mit verschiedenen Rundwegen über die Benediktenwand (1.800 m), die Glaswand (1.496 m) oder den Latschenkopf (1.487 m).

Tipps:
- Pfarrkirche St. Nikolaus
- Jachenauer Dorfladen www.jachenauer-dorfladen.de
- Jachenauer Holzschnitzerei www.jachenauer-holzschnitzerei.de
- Schreinerei voihoiz www.voihoiz.de
- Berg Chalet Deko-Verkauf www.berg-chalet.de

Tourist-Info:
Dorf 71/3
83676 Jachenau
Tel.: 08043-919891
E-Mail: info@jachenau.de
www.jachenau.de

Glasbach-Wasserfall
Staffelbach
Glasbach
Wespenkopf
1.127 m
Lainl-Alm
Rappinlaine
Labelsberg
1.406 m
Kienstein
1.101 m
Durchschlupf
Große Laine
Meßnerberg
969 m
Kleine Laine
Jachenau
St 2072
0
200
400
600 m

Das Goldbächlein der Bergfeen
Vom Hirtenjungen mit dem reinen Herzen

ab 4 Jahren

Keiner kann mehr sagen, wie lange es her ist, dass eine arme Witwe mit ihrem kleinen Jungen in der Jachenau gelebt hat. Irgendwo in Richtung Walchensee hatten sie ein winziges Hüttchen, für das sie mit Müh und Not die Miete bezahlen konnten. Nachdem der Vater bei der Holzarbeit ums Leben gekommen war, hatten die beiden nur noch das Allernötigste zum Leben. Damit es wenigstens zum Essen reichte, half auch der Bub Franzl mit.

Jeden Morgen trieb er im Ort die Ziegen zusammen und brachte sie auf eine der kräuterreichen Almen unterhalb der Benediktenwand. So beschwerlich sein Weg jeden Tag aufs Neue auch war, so fröhlich war er dabei und immerzu reinen Herzens. Die Leute erkannten ihn schon von Weitem, denn stets pfiff oder trällerte er ein Liedchen und gab gut acht, dass keines seiner Tiere verloren ging. Erst wenn sich im Sommer die Sonne spätabends herabsenkte, dann holte er die Geißen zusammen und brachte sie sicher wieder ins Tal.

So war es auch an jenem Tag. Glutrot versank die Sonne im Westen, als Franzl endlich nach seinem langen Hütetag ins Dorf zurückkehrte. Kaum hatte er die Tiere wieder in ihren Ställen untergebracht, lief er hungrig nach Hause und wollte wie jeden Abend die Türe mit einem „Grias di, Mama!“ aufstoßen – aber sie war verriegelt und der Einlass versperrt.

Verblüfft schaute er oben und unten, aber die Türe bewegte sich keinen Millimeter. „Mama, wo bisdn?“, rief er verwirrt. Er lauschte auf eine Antwort und hörte ein leises Schluchzen. Seine Mutter saß weinend im Garten unter einer alten Linde. Tränenüberströmt nahm sie ihn in die Arme und drückte ihn fest an sich. „Was isn los?“, fragte er. „Warum ist de Haustür zua?“

„Ach, mei, mein lieba Franzl“, seufzte die Mutter. „I hob des Geld für unsre Hüttn nimma zambracht. Und etzad hobns uns oafach vord Tür gsetzt. Morgn soll des Häusl scho verkaffd werdn!“

„Verkaffd?! Unser Häusl?!“ Der Franzl verstand die Welt nicht mehr. „Aba wo soin mir denn dann hi? Des is doch mei Dahoam, mei Heimat!“ Tränen standen ihm in den Augen und bevor die Mutter noch irgendetwas sagen konnte, lief er einfach davon. Er wusste gar nicht so recht wohin. Einfach nur weg!

Seine Beine trugen ihn den Weg wieder zurück, den er vor einer Stunde erst gekommen war. Wieder hinauf auf die Alm unterhalb der Benediktenwand. Und dort warf er sich weinend ins Gras. Was sollte nun aus ihnen werden? Wo sollte er nur hin?

Vor lauter Schluchzen sah er gar nicht, dass er auf der Almwiese nicht alleine war. Die Bergfeen, die ihn oftmals heimlich beobachtet und ihm manchmal unsichtbar geholfen hatten, eine verirrte Ziege wiederzufinden, hatten im Mondlicht auf der Wiese getanzt. Als nun der Franzl herbeigelaufen war, hatten sie sich hinter ein paar Bäumen zurückgezogen, hinter denen sie nun vorsichtig hervorlugten. Was war nur mit ihrem sonst so fröhlichen Franzl los?

Die schönste von ihnen, die Königin der Bergfeen, kam zu dem Buben herüber, legte ihm liebevoll eine Hand auf die Schulter und sagte: „Ja Franzl, was machst du denn hier mitten in der Nacht? Und warum weinst du, dass es einen Stein erweichen möge?“

Und da erzählte der Franzl seine Geschichte, dass seine Mutter und er das Häusl verloren hatten, ihre Heimat, und dass sie jetzt nicht wussten wohin und wie es weitergehen sollte ...

„Ach, Franzl, das ist ja eine traurige Geschichte. Aber bleibe frohgemut, wir werden dir helfen!“ Der Bub sah die Bergfee erstaunt an.

„Ja, vertraue mir nur und komm mit mir.“ Sie hielt ihm ihre Hand hin. Er ergriff sie und folgte ihr den Berghang hinunter, schmale Wege entlang, über kleine Brücken, bis sie schließlich in ein enges Tal kamen. Das wurde dunkler und dunkler, bis sie um eine Biegung traten und auf einmal alles in hellem Licht erstrahlte: Eine Goldquelle trat am Ende der Schlucht aus dem Felsen hervor und rann wie flüssiges Licht in einem Bächlein herunter!

„Nimm! Nimm dir, Franzl, so viel du willst!“, ermunterte ihn die Bergfeenkönigin. „Du hast ein so reines Herz, so rein wie Gold. Hiermit kannst du eure Schulden bezahlen und ihr könnt wieder glücklich und in Frieden leben!“

Das ließ sich der Franzl nicht zweimal sagen. Doch bescheiden wie er war, wollte er nur eine Handvoll aus dem goldenen Bächlein schöpfen. Die Bergfee aber lachte, zog ihm den Hut vom Kopf und tauchte ihn in das flüssige Gold, bis er randvoll gefüllt war.

„So! So ist es recht“, sagte sie lächelnd. „Und bleib ein so guter Bub, wie du schon bist!“

Der Franzl bedankte sich mit den schönsten Worten und dann lief er mit fröhlichem Herzen so eilig nach Hause, dass er gar nicht bemerkte, dass sein alter Hut ein kleines Loch hatte, aus dem es beharrlich tropfte. Als er daheim ankam, war der Hut deshalb nur noch halb gefüllt. Aber der Franzl machte sich nichts draus. Denn das Gold reichte immer noch, um damit ihre Schulden zu bezahlen und das Häuschen für sich zu kaufen. Die Not hatte nun ein Ende und seine Mutter und er lebten fortan wieder glücklich und zufrieden. Vor allem aber behielt der Franzl sein reines Herz. So war er weiterhin bei allen beliebt und das Glück flog ihm nur so zu.

Was aus den kleinen Goldtropfen aus seinem Hut geworden ist, weiß keiner so recht zu sagen. Die Goldquelle haben seither viele versucht zu finden. Bisher vergeblich. Doch wenn man im Spätsommer in der Jachenau an den Bächen vorbeiwandert, kann es sein, dass sie im Sonnenlicht so golden aufleuchten, als hätte man die Quelle von einst genau in diesem Moment entdeckt …

Die Blume der Liebe
Vom Handwerksburschen und der Königstochter

ab 4 Jahren

Frei nach einem Märchen von Folke Tegetthoff

Es lebte einmal ein Handwerksbursche, der war eigentlich ganz zufrieden mit seinem Leben. Er war nicht reich, aber auch nicht arm, nicht mehr ganz jung, aber auch nicht alt. Kurzum, er stand in der Mitte seines Lebens und es ging ihm gut. Nun, bis zu jenem Tag, an dem er die Königstochter erblickte, die mit einer Kutsche genau an seiner Türe vorbei durch die Stadt fuhr. Und,

Die Wiesen zwischen Lainl-Alm und Wasserfall sind angefüllt mit den schönsten Blumen und Blüten – und jeder Menge Schmetterlingen.

was soll ich sagen: Im gleichen Augenblick war es um ihn geschehen! Er hatte sich in sie verliebt! Egal, was er auch tat, immer sah er ihr schönes Antlitz vor sich und wünschte sich nichts sehnlicher, als sie wiederzusehen. Aber das war ja ganz und gar unmöglich. Denn wie sollte er als Handwerksbursche zur Königstochter gelangen. Ach, was war die Welt doch ungerecht!

Die Königstochter hingegen hätte eigentlich wirklich ein glückliches Leben führen können. Auch sie war nicht mehr ganz jung, aber auch nicht alt. Geld hatte sie freilich reichlich, doch dafür keinen Mann, der ihr Herz fröhlich hüpfen ließ. Denn die Bewerber, die um ihre Hand anhielten, kamen mit ganz absonderlichen Geschenken: Drachenzungen, Monsterköpfe! Was um Himmels willen sollte sie denn damit anfangen?! Ach, was war die Welt doch ungerecht!

Da kam ihr auf einmal eine wundervolle Idee. Da die Königstochter Blumen über alles liebte, ließ sie verkünden, dass sie jenen Bewerber zum Manne nehmen wolle, der ihr die Blume der Liebe zu bringen vermochte. „Blume der Liebe?“, schüttelten die kämpferischen Ritter die eisernen Köpfe. „Was soll denn das sein?!“ Und weg waren sie.

Anscheinend gab es niemanden, der etwas über die Blume der Liebe wusste. Immerhin aber kam die Kunde vom Wunsch der Königstochter auch zu unserem Handwerksburschen – und der war überglücklich. Denn wenn doch sein Herz so voller Liebe war, dann musste es ihm einfach gelingen, die Blume der Liebe zu finden. Und dann, ja dann hätte auch er eine Chance auf die Hand der Königstochter!

Flattert wie verwunschen im Wind: das Wollgras.

So sperrte er seine Werkstatt zu und machte sich sofort auf den Weg, die Blume der Liebe zu finden. Nur wusste leider keiner etwas davon. Er zog durch die ganze Stadt, das Land drumherum, über die nächsten Berge, durch weite Täler ... Aber nirgends war sie zu entdecken, die Blume der Liebe.

Ja klar, Blumen fand er wohl. Gar schöne sogar und duftende. Aber die Blume der Liebe war nicht darunter. So kam er schließlich ans Meer und spürte, dass sie ihn auf der anderen Seite erwarten würde. Mit einem Schiff segelte er hinüber und fragte die Menschen dort in Südamerika, ob sie etwas von der Blume der Liebe wüssten.

„Ja“, sagten sie, „die gibt es hier bei uns in Peru.“

„Wo? WO?“, wollte der Handwerksbursche wissen.

„Hör auf dein Herz! Dann findest du sie ...“, rieten sie ihm.

Und so ging und suchte er weiter. Bis er eines Nachts unter dem klaren Sternenhimmel lag, an seine wunderschöne Königstochter dachte und auf einmal kleine Funken in den Himmel stieben sah.

Hier, hier muss sie irgendwo sein, dachte er bei sich: die Blume der Liebe. Und tatsächlich fand er sie. Eine orangerot leuchtende Blume, die sich über alles rankte, was sich in ihrer Umgebung befand. So viele Blüten, wie er nur konnte, packte da der Handwerksbursche glücklich in seine Tasche und machte sich beim ersten Tagesanbruch auf den Weg. Jetzt, ja, jetzt war der Weg frei zu seiner Liebsten!

Zuerst einmal musste er wieder auf die andere Seite des Meeres gelangen. Aber das war gar nicht so einfach. Denn das Schiff lief diesmal nicht aus. Der Kapitän schüttelte auf seine Frage hin nur den Kopf. Er habe einen schwer kranken Matrosen und da könne er nicht segeln.

Was dem Matrosen denn fehle, fragte der Handwerksbursche, und ob man ihn denn nicht gesund pflegen könne. Schon, meinte der Kapitän darauf, aber dazu brauche es die Blume der Liebe und die habe hier keiner.

Da sah der Handwerksbursche nachdenklich in seine Tasche. Strahlend schön leuchteten ihn die Blütenköpfchen an. So viele waren es, dass es doch ein Leichtes wäre, wenn er die Hälfte davon dem Matrosen gab …

So kam es, dass dieser wenige Tage später wieder von seiner Skorbut-Krankheit geheilt war und der Kapitän den Handwerksburschen auf seinem Schiff ans andere Ufer brachte. Tag und Nacht lief er gen Königsstadt, die Blume der Liebe in der Tasche und die Liebe selbst im Herzen!

Einmal musste er dann aber doch in einem Gasthaus übernachten. Bald konnte er nicht mehr schlafen, weil er so seltsame Geräusche hörte. Als er nach dem Grund suchte, fand er die Wirtin mit einem offenen Bein schmerzstöhnend darniederliegen. Ob sie denn keinen Arzt rufen wolle, fragte er. Doch sie verneinte, hätten es doch schon so viele versucht und keiner habe ihr helfen können. Gäbe es denn gar nichts, was ihr Linderung verschaffen könne, fragte der Handwerksbursche. Doch, die Blume der Liebe könne das wohl, nur wüsste keiner, wo sie zu finden sei!

Da sah der Handwerksbursche betreten in seine Tasche. Zwei Handvoll Blüten leuchteten immer noch darin. So würde es wohl genügen, der Wirtin eine davon abzugeben …

Wenige Zeit später war sie wieder wohlauf und der Handwerksbursche überglücklich, dass er ihr hatte helfen können. Nun war es aber wirklich Zeit, zur Königstochter zu gelangen!

Er wanderte ohne Pause, bis er endlich vor dem Tor des Palastes stand. Sein Herz pochte laut, als er die Hand hob, um an die Tür zu klopfen. Da hörte er auf einmal ein leises Seufzen und eine tröstende Stimme. Und als er sich umsah, erblickte er einen alten bettelarmen Mann mit einem blassen Kind im Arm.

„Was ist mit dem Kind“, fragte der Handwerksbursche voller Mitgefühl. Es sei schwer krank, antwortete der Mann. Einst sei er wohlhabend gewesen, doch hätte er all sein Geld für Ärzte ausgegeben, um sein krankes Kind wieder gesund zu machen. Jedoch sei alle Mühe, alles Geld umsonst gewesen.

Ob es denn gar nichts gäbe, was dem Mädchen helfen könne, fragte der Handwerksbursche, obwohl er die Antwort schon ahnen konnte. Ja, die Blume der Liebe könnte helfen, aber niemand wisse, wo man sie fände.

Da sah der Handwerksbursche ein letztes Mal in seine Tasche. Ein paar wenige Blüten waren noch darin. Ob er sie wohl ...?!

Ohne weiter darüber nachzudenken, reichte er dem Mann alles, was er noch hatte. Der wusste sein Glück kaum zu fassen. Doch der Handwerksbursche drehte sich nur lächelnd um und klopfte an die Palasttür. Ein Wachsoldat öffnete und fragte, was er wolle.

Zur Königstochter? Er? Wieso?

Weil er die Blume der Liebe gefunden habe und der Königstochter davon berichten wolle. Der Wachsoldat stutzte, hatte dieser Bursche doch gar nichts bei sich. Aber von ihm ging so ein eigenartiges Funkeln aus, dass er ihn schließlich doch zur Königstochter brachte. Und die hörte sich die lange, lange Geschichte vom Handwerksburschen an: Wie er die Blume der Liebe gesucht und gefunden hatte. Wie er dem Matrosen und der Wirtin geholfen hatte. Und wie nun die letzte Blüte bei dem kranken Mädchen vor den Palasttoren geblieben war ...

Die Königstochter sah die leeren Hände des Handwerksburschen wohl, aber sie sah auch das Funkeln in seinen Augen und sie spürte, dass er die Blume der Liebe längst in seinem Herzen trug. Und so löste sie ihr Versprechen ein und heiratete ihn. Von da an lebten die beiden sehr glücklich und zufrieden. Und wenn sie nicht gestorben sind ... ach, ihr wisst es eh.

Die Blume der Liebe aber gibt es immer noch. Bei uns wird sie Kapuzinerkresse genannt und bis heute als eine sehr wertvolle Heilpflanze bei zahlreichen Krankheiten verwendet. Und die Blume der Liebe, die im Herzen wohnt? Nun, die dürft ihr auf eurem Lebensweg selber für euch entdecken!

Grasleitenkopf-Runde 09

Kräftezehrend und kraftspendend zugleich

4:40 h Gehzeit
12,7 km Länge
736 hm schwer

GPS

Einfach sensationell: der Blick vom Gipfel des Grasleitensteins

Kraftvoll ist das Panorama auf diesem kleinen Höhenweg zwischen Grasleitenstein und -kopf. Kraftvoll sind aber auch die Anstiege, die bis zu den aussichtsreichen Gipfeln führen. Denn die meisten der rund 700 Höhenmeter ziehen sich kerzengerade den Berg hinauf. Noch dazu gibt es keinen einzigen Wegweiser auf diesem Aufstieg – was den Vorteil hat, dass er relativ wenig begangen wird. Allen Neulingen unter den Bergfreunden sei jedoch aus Sicherheitsgründen der normale, bestens beschilderte Weg zur Lenggrieser Hütte als erster Streckenabschnitt empfohlen. Von dort gibt es nämlich eine entspanntere Möglichkeit, den Grasleitenkopf zu erreichen und den Blick zu genießen.

In jedem Fall beginnen wir die Runde an einem der ▸ *Wanderparkplätze in Lenggries/Hohenburg*. Von dort aus folgen wir der gleichnamigen ▸ *Straße von Mühlbach nach Süden*. „Lenggrieser Hütte"

Die Welt zu Füßen: Bis nach Bad Tölz kann man dem Lauf der Isar folgen.

oder „Seekar“ steht auf den zahlreichen ▸ ***Schildern***, die uns an schmucken Bauernhöfen vorbeiführen und ▸ ***nach ca. fünf Minuten links in Richtung Osten*** weiterleiten. Direkt ▸ ***vor dem allerletzten Bauernhof*** an dieser Straße biegen wir noch einmal ▸ ***gut beschildert links*** ab. Ein Feldweg schwingt sich sanft durch Kuhweiden den Berg hinauf und führt zum Grasleitensteig.

Hier gilt es, eine Verwechslung zu vermeiden. Denn der GrasleitenSTEIG ist der ausgeschilderte Weg zur Lenggrieser Hütte, der für Jung und Alt gut zu begehen ist. Wir aber wollen auf den GrasleitenKOPF! Da dieser jedoch auf keinem der Wegweiser vermerkt ist, müssen wir nach etwa 30 Minuten Fußweg wachsam sein: Just

wenn sich der ▶ ***Feldweg an einem offenen Gatter im 90-Grad-Winkel nach rechts Richtung Süden wendet, biegen wir links nach Norden*** ab. Rund 40 Meter später treffen wir schon wieder auf einen weiteren ▶ ***Feldweg, auf dem wir rechts nach Osten*** den Berg durch eine Viehweide hinaufwandern.

Mit dem Seekarkreuz (1.601 m) lässt sich die Runde aussichtsreich verlängern.

Schnurgerade zieht sich der ▶ ***Kiesweg*** den Hang hinauf, wir folgen ihm und lassen dabei alle Abzweiger rechts und links liegen. Nach einer knappen Stunde kommen ▶ ***zwei kleine Kehren***, ein ▶ ***Weidendurchgang*** und dann schmilzt die Forststraße zu einem schmalen ▶ ***Steig***, der rechterhand kurz über eine Wiese und dann in den Wald führt.

Abgesehen von Jungvieh ist es meist einsam hier. Gelegentlich winken der Geier- oder der Fockenstein herüber. Doch spätestens, wenn der Steig durch den Wald beginnt, ist auch diese Sicht verborgen und diese Route bietet etwas, was in den Bergen selten geworden ist: meditative Einsamkeit.

Die Geräusche aus dem Tal verklingen, nur das Kuhglockengeläut begleitet uns – und das immer stärker werdende eigene Schnaufen, ob der Steilheit des Geländes. Und man kann in sich hineinhören, welche Gedanken oder Gefühle man gerade mit sich herumträgt. Was einen sonst noch so plagt neben dem zachen Aufstieg über rutschige Wurzeln und glitschige Steine. Oder was gerade einen Schatten über einen wirft wie die Riesen des dunklen Bergwalds, der hier finster und undurchdringlich scheint. Knorrig verwachsene Bäume, die ihre Äste manchmal verdreht in den Himmel strecken, säumen den schmalen Pfad, der für kurze Zeit wieder zu einem ausgespülten Forstweg wird.

Wir ► ***halten uns rechts*** und klettern fast die Schlusspassage zum ► ***Gipfel*** über die hohen Steinstufen hinauf – um mit einem Staunen den letzten Schritt zu stemmen. Denn vor uns ragt inmitten von goldgelbem Berggras nicht nur ein großes Gipfelkreuz auf, sondern um uns breitet sich das gesamte Isartal aus, mit Blick vom Guffert im Südosten über die Zugspitze bis hinüber zum Brauneck und dem Blomberg.

Viel Platz hat man nicht auf dem ► ***Grasleitenstein***, diesem kleinen überwachsenen Fel-

Beim Waldklassenzimmer bekommt der Begriff „Baumschule“ eine ganz neue Bedeutung.

Reichlich Abkühlung versprechen die vielen Bäche und kleinen Wasserfälle beim Abstieg über den Sulzersteig.

senspitz. Doch er reicht noch für eine einladende Bank, auf der es sich trefflich Brotzeit machen lässt. Vorausgesetzt freilich man hat eine im Rucksack und ist entsprechend schwindelfrei, weil es ringsum fröhlich in die Tiefe hinabgeht. Und den Blick hinunter sollte man wirklich genießen: auf die Kette der unzähligen Berge, die dunkelblau am Horizont aufragt. Auf die Isar, die sich als schimmernd blaues Band daraus hervor nach Norden schlängelt. Und auf Lenggries, das wie eine kleine Puppenstadt zu unseren Füßen liegt und dazu noch eine augenzwinkernde Sage über Heilbringendes in unserem Leben zu erzählen weiß ✧ **Geschichte S. 120**.

Fühlen wir uns wieder gestärkt und munter, können wir uns an den ▸ *weiteren Aufstieg zum Grasleitenkopf* machen. Der schlängelt sich am Anfang recht moderat dahin und verlangt weniger Kondition als Konzentration, da der Weg oft schmal auf dem Felsengrat verläuft und man bei der fabelhaften Aussicht schnell versucht ist, in die Weite statt auf den Weg zu gucken. Nicht nur deshalb tut ein bisserl Gemütlichkeit gut, sondern auch, weil die Atmosphäre hier oben so leicht und luftig ist. Alle Qual des Aufstiegs ist vergessen, denn jeder neue Schlenker des Wegs belohnt mit weiteren grandiosen Blicken in fast alle Richtungen. Dabei wird uns in Erinnerung gerufen, dass bei allen Sorgen des Alltags der Blick in die Weite des Lebens, auf seine Kraftquellen und auf den nächsten Schritt im Hier und Jetzt das Wichtigste ist.

Das letzte Stück der halben Stunde verlangt noch einmal etwas mehr Einsatz, doch dann ist mit dem ▶ ***Grasleitenkopf auf 1.433 Metern*** der höchste Punkt unserer Tour erreicht. Wieder erwartet uns ein hölzernes Gipfelkreuz – und womöglich einige Besucher mehr, denn dieses Ziel ist von der nur ca. 80 Höhenmeter tiefer liegenden Lenggrieser Hütte schnell erklommen. Die meisten Gäste jedoch werden an den leckeren Köstlichkeiten der Alpenvereinshütte hängen bleiben und lieber den Aufstieg auf das Seekar wählen.

Und so kann man sogar dem größten Ansturm der Wanderer entgehen, indem man zwar den ▶ ***Abstieg kurz bis vor den Berggasthof*** geht, dann aber ▶ ***gleich nach links den Forstweg nach Nordnordost*** nimmt. Vorbei an der Seekaralm zweigt schon 500 Meter später deutlich beschildert der ▶ ***Sulzersteig*** ab, den wir als Rückweg ins Tal wählen.

In zahllosen Kehren mäandert der schmale Pfad durch den nördlichen Bergwald, sodass diese Runde sogar im Hochsommer eine kühle Wohltat verspricht. Rechts von uns rauscht ein Zulauf des Sulzbachs über Felsvorsprünge in die Tiefe und ergießt sich am Ende in mehrstöckigen Wasserfällen ins Tal.

Etwa eine Dreiviertelstunde windet sich der Sulzersteig hinunter, bis man eine kleine Brücke überquert, auf den ▶ ***ersten Forstweg (bitte links abbiegen)*** und kurz darauf auf einen ▶ ***zweiten (wieder links)*** trifft, der den Hirschbach auf seinem Weg hinunter nach Lenggries säumt. Es ist eine wahre Freude, dem Bach bei seinem Lauf zu begleiten. Buchstäblich geht es über Stock und Stein, mit kleinen Gumpen und ausgehöhlten Felsen. Nur sollte man dabei nicht die Radler vergessen, die mit ansehnlichem Tempo von hinten still und heimlich angebraust kommen können. Und man sollte einen kleinen Abstecher ins ▶ ***Waldklassenzimmer*** machen, das der Forstbetrieb Bad Tölz hier neben einer der ältesten Tannen des Hirschbachtals eingerichtet hat. Rund 200 bis 250 Jahre wacht sie schon an dieser Stelle.

Erneut etwa eine Dreiviertelstunde und drei Kilometer später hat man wieder ▶ ***Lenggries Hohenburg*** und damit den Parkplatz erreicht. Wer mag, kann natürlich gleich in sein Auto steigen und die Heimfahrt antreten. Wem noch nach einem besonderen Kraftort zumute ist, dem sei ein kleiner Ausflug zu dem wenig bekannten Lenggrieser ▶ ***Kalvarienberg*** ans Herz gelegt.

Man kann ihn vom Parkplatz aus auf kürzestem Weg ansteuern (durch die Mädchenrealschule Hohenburg nordwestlich hindurch) oder noch eine kleine Runde um den malerischen Hohenburger Weiher nehmen. In etwa 20 Minuten ist der ehemalige Wallfahrtsort erreicht und lädt mit seiner offenen, freundlichen Gestaltung zum Innehalten ein. Er gehört zu den ältesten Kalvarienbergen Bayerns und war das Vorbild für den inzwischen weitaus bekannteren Tölzer Kalvarienberg. So sehr sich ein Blick in die Geschichte des historischen Arrangements lohnt **Geschichte S. 122**, so sehr empfiehlt sich der persönliche Besuch und das Verweilen an diesem sehens- und spürenswerten Ort.

Bei dieser Tour geht einem einfach das Herz auf angesichts so viel ursprünglicher Schönheit.

Grasleitenkopf-Runde

4:40 h Gehzeit | 12,7 km Länge | 736 hm | schwer

Ausgangspunkt in 83661 Lenggries:

Wanderparkplatz Hohenburgstraße

Weg:

Nur in der Sommersaison möglich (späte Schneeschmelze wegen Nordwestseite beachten). Trittsicherheit und Schwindelfreiheit erforderlich; nach Regen nicht empfehlenswert.
Aufstieg nicht ausgeschildert. Alternativroute über den Grasleitensteig zur Lenggrieser Hütte und zum Grasleitenkopf. Weiß- oder gelb-schwarze Schilder. Abstieg über Sulzersteig gut beschildert.

Besonderheiten:

- Zwei Gipfel
- Ausblicke ins Isartal, Karwendel und Wetterstein
- Bewirtschaftete Hütte
- Wasserfälle
- Waldklassenzimmer
- Kalvarienberg Lenggries

Einkehr:

- Lenggrieser Hütte www.lenggrieserhuette.de
- Gastronomie Lenggries

Zuganfahrt:

Fahrt mit dem Zug nach Lenggries (zusätzlicher Fußmarsch 25 min)

Variationen:

Die Tour lässt sich auf einen Spaziergang um den Hohenburger Weiher und zum Kalvarienberg deutlich verkürzen (ca. 2 km). Eine Verkürzung auf den Grasleitenstein mit Umkehr dort ist möglich, aber wegen des steilen Aufstiegs, der dann zum Abstieg wird, nicht wirklich empfehlenswert.
Verlängert werden kann die Tour über das Seekarkreuz (1.601 m) und über die Kampen (1.607 m, Vorsicht: sehr ausgesetzte Wegführung).

Tipps:

- Historischer Ortskern des Flößerorts Lenggries
- Pfarrkirche St. Jakobus (Dom des Isarwinkels)
- Evang.-Luth. Waldkirche
- Heimatmuseum www.lenggries.de/staemme/heimatmuseum-lenggries-2
- Vielfältige Einkaufsmöglichkeiten
- Familienbad Isarwelle www.lenggries.de/sommer/familienbad-isarwelle-1

Tourist-Info:

Rathausplatz 1
83661 Lenggries
Tel.: 08042-5008800
E-Mail: info@lenggries.de
www.lenggries.de

Weinberg
800 m
Markeck
961 m
Lenggries
Hohenburgstraße
Hirschbach
Mühlbach
Waldklassenzimmer
GPS
Sylvensteinstraße
B 13
Isar
Herrenköpfl
807 m
Grasleitenstein
1.268 m
Grasleitenkopf
1.433 m
Lenggrieser Hütte
0 200 400 600 m

Was das Herz heilt
Vom Geizhals in Lenggries

ab 4 Jahren

Es lebte einmal ein sehr, sehr reicher Mann in Lenggries. Den „alten Pfund" haben sie ihn genannt und das Gasthaus „Beim Neuwirt" war sein Eigen. Aber nicht nur das. Ihm gehörten zahlreiche Häuser im Ort und er hatte so viel Geld, dass er gar nicht mehr wusste, was er mit seinem Reichtum anfangen sollte. Trotzdem galt er als der größte Geizhalz im Oberland. Denn jemandem auch nur ein Geldstück abzugeben, wäre ihm nie in den Sinn gekommen. Nicht einmal in seiner weitläufigen Verwandtschaft konnte jemand mit Unterstützung rechnen, selbst dann nicht, wenn er in Not geraten war.

Eines Tages jedoch wurde der alte Pfund krank. Erst fühlte er sich nicht mehr richtig wohl, bald aber konnte er kaum noch gehen und kurz darauf musste er das Bett hüten. Freilich war es ihm ein Leichtes, sich die besten und teuersten Ärzte kommen zu lassen. Zuerst war er sogar dazu zu geizig, aber als es ihm immer schlechter ging, wusste er sich nicht mehr anders zu helfen. Die Ärzte jedoch zuckten allesamt mit den Schultern und schüttelten die Köpfe. Sie konnten nicht sagen, welche Krankheit ihn plagte, und hatten deshalb auch keinen Rat und schon gar kein Gegenmittel für ihn.

Die Wochen vergingen, dann die Monate und inzwischen lag er schon ein ganzes Jahr lang krank darnieder. Es ging ihm immer schlechter und sein letztes Stündlein schien näherzukommen. Da trat eines Tages ein altes Mutterl in die Gaststube und fragte nach dem alten Pfund.

„Dem geht's gar ned guad", erwiderte daraufhin die Wirtin. „Der is scho a Joahr lang schwar krank und jetzt geht's woi boid dahi mid eam."

„Mei, vielleicht wissat i wos, wos eam helfn kannt", antwortete die alte Frau darauf. „Lassts mi hoid amoi mid eam redn."

So wurde die alte Frau in seine Kammer geführt und setzte sich neben sein Bett. Der Kranke schnaubte etwas widerwillig. Er bekam nicht gern Besuch und hasste es, wenn ihm jemand zu nahe kam.

„Wersd des scho aushoidn“, sagte das Mutterl lächelnd. „Woasd, i kannt dir vielleicht helfn, dassd wieda gsund wirst. Oder mogsd gar nimma?!“

„Doch, freili dat i gern wieda gsund werdn!“, brummte der alte Pfund daraufhin grantig.

„Guad, dann her mir eatzad amoi ganz genau zua: Du hosd so vui Geid. Des huifd dir grad gar nix. Aber DU kannst damit heifn. Es gibt so vui Leit, dene es richtig schlecht gehd. Und so vui Kinder, die den ganzn Tag ohne Essn san. Wia war's, wennsd amoi a bisserl wos vo deim Reichtum weidagibst, dass a andere guad gehd?!“

„Na, niemois! Liaba sterb i!“, fluchte der Alte.

„Guad, dann werd dei Wunsch woi boid in Erfüllung geh“, sagte das Mutterl leise und ging ohne ein weiteres Wort zur Tür hinaus.

Den alten Pfund aber trieben ihre Worte um und er rief kurz darauf seine Frau, um ihr davon zu erzählen.

„Gnug hätt ma scho“, antwortete sie nur drauf. „Mia kanntn's ja amoi probiern. Dann seng ma scho, ob des Mutterl recht hod.“

Und so kam es, dass bald jeder in Lenggries wusste, dass er beim Neuwirt um Unterstützung anfragen konnte, wenn er in Not geriet. Auch bekamen Bettler dort ein warmes Essen und die Kinder nach der Schule einen Teller heiße Suppe. Auf einmal veränderte sich das Wirtshaus. Fröhlich ging's dort zu. Menschen trafen sich, um einander zu helfen und gute Ideen zu besprechen. Auch die Kinder waren gern gesehen und packten mit an, wenn es etwas zu tun gab.

Dadurch wurden die Wirtsleute um kein Geldstück ärmer – aber der Wirt wieder gesund und aus dem kauzigen Alten ein heiterer Mann, der noch lange lebte und sich daran erfreute, anderen mit seinem Reichtum unter die Arme zu greifen und Gutes zu tun.

Wofür das Herz dankt
Vom ältesten Kalvarienberg im Isarwinkel

ab 8 Jahren

Der Kalvarienberg in Lenggries ist der älteste Kalvarienberg im Isartal und einer der ältesten in ganz Bayern. Und trotzdem kennt ihn heute kaum jemand mehr. Dabei ist immer noch zu spüren, dass er an einem besonderen Platz erbaut wurde und angefüllt ist mit Dank und Lobpreis für Rettung und Hilfe.

Errichtet wurde der Kalvarienberg mit seiner kunstvoll angelegten Steintreppe um 1694 von Graf Ferdinand Joseph von Herwarth, dem Schlossherrn auf Hohenburg. Schon im Jahr 1665 hatte es dort oben eine überlebensgroße Kreuzigungsgruppe gegeben, von der heute noch Maria und Johannes erhalten sind. Die weiteren Anlagen folgten bis 1726, wobei die heilige Stiege in der Heilig Kreuz Kapelle eine Nachbildung der „Scala Santa" in Rom ist.

Die zahlreichen Votivbilder erzählen anschaulich vom gefahrvollen Leben und der Frömmigkeit im Voralpenland. Neben der Errettung aus der Sendlinger Mordweihnacht 1705 zeigen die kleinen Gemälde die gewährte Hilfe bei Viehseuchen, bei Unfällen im Hausbau, bei der Waldarbeit und bei der Jagd. Auch bei Zahnschmerzen konnte ein Bittgebet an den leidenden Heiland in Hohenburg Abhilfe bringen.

Manch einer mag über den schlichten Alltagsglauben der Menschen damals lächeln. Manch anderer erblickt in den Gebeten allein schon den Wunsch, dass sich die Notsituation zum Guten wenden möge. Denn wie oft ist diese Haltung ausschlaggebend, damit sich überhaupt etwas wandeln kann. Und welch schönere Anregung kann man sich für die eigenen Lebensherausforderungen mitnehmen, als seine Hoffnung und Zuversicht, dass sich die Umstände verbessern mögen, in konkrete Worte zu fassen.

Wackersberger Sonnenrunde 10

Von einem Naturwunder zum nächsten ...

2:40 h Gehzeit
9,8 km Länge
50 hm leicht

Munter schlängelt sich der Weg durch die sonnigen Wackersberger Wiesen.

Licht pur wartet hier oben zu jeder Jahreszeit auf sonnenhungrige Wanderer. Wackersberg liegt etwas oberhalb von Bad Tölz und öffnet über seine saftig grünen Wiesen den Blick auf Brauneck, Benediktenwand und Karwendel. Dazu muss man nicht einmal weit hinaufsteigen, sondern es reicht, vom ▶ ***Wanderparkplatz am ehemaligen Forsthaus*** zu starten. Als wäre das nicht schon Grund genug, diese Runde zu den eigenen Lieblingstouren zu zählen, liegt am Wegesrand auch noch eine ungewöhnliche Naturschönheit nach der anderen versteckt. Doch mehr sei noch nicht verraten!

Zuerst einmal gehen wir ▶ ***kurz an der Straße nach Westen***, um dann in ihrer Verlängerung zu drei allein gelegenen Häusern ▶ ***weiterzuwandern***. Danach nehmen wir die ▶ ***Forststraße nach Süden*** zum ▶ ***Sonnershof, umrunden ihn halb nordwestlich*** und folgen damit den ▶ ***grünen Schildern Richtung „Pestkapelle über Dachshöh-***

le". Noch auf Höhe des Weilers kommen wir an einer ▸ ***alten hohlen Linde*** vorbei, die auf der linken Seite gleichsam als Baumruine dasteht: Das „Dach" fehlt, doch die „Außenmauern" stehen noch und sind so groß, dass gleich mehrere Menschen darin Platz finden.

Nur knapp zehn Minuten ▸ ***weiter in Richtung Süden***, erwartet uns schon das nächste Naturwunder, die ▸ ***Dachshöhlen***. Zwar würde man hier vergebens nach einem gleichnamigen Vierbeiner suchen, doch erblickt man stattdessen eine ▸ ***geologische Besonderheit***, ein natürlich entstandenes Amphitheater aus Nagelfluh, das mit seinen acht Metern Höhe einen wunderschönen Felsengarten ergibt. Um die Dachshöhlen zu erreichen, biegen wir an dem entsprechenden ▸ ***Wegweiser kurz für 100 Meter nach Westen*** in den Wald hinunter ab, in dem sich diese außergewöhnliche Gesteinsformation versteckt.

Um unserer Tour folgen zu können, steigen wir die wenigen Stufen ▸ ***danach wieder hinauf*** in die Sonne und folgen ihrer Einladung ▸ ***nach Süden***.

Sensationelle Ausblicke auf Brauneck und Benediktenwand nehmen uns hinter einer alten Steinstele und einem Wegkreuz beim ▸ ***Weiler Hub*** in Empfang. Ab hier folgen wir der Straße erst ▸ ***der Mittagssonne entgegen***, dann ▸ ***kurz rechts über***

Ein mystisch schöner Ort: die sogenannten „Dachshöhlen"

Die Pestkapelle St. Sebastian erzählt von Hilfe in der Not.

die Quellenstraße zum ▶ ***Weiler Bach***, wo es gut beschildert ▶ ***wieder weiter nach Süden*** geht.

Wer unsere Tour übrigens deutlich verkürzen möchte, könnte hier auch die Quellenstraße nach Osten hinauf nehmen und über den Fußweg an der Wackersberger Straße nach Norden wieder zum Ausgangspunkt zurückkehren.

Für alle anderen geht es fast ▶ ***geradeaus in südlicher Richtung weiter***, bis wir auf den Einbach treffen. Nach wenigen Metern lenkt uns der ▶ ***Wegweiser zur Pestkapelle*** hinüber und wir folgen einem ▶ ***Pfad*** durch lichte Bäume auf eine Wiese halb westlich zu einem breiteren Kiesweg.

Sobald unser ▶ ***Pfad auf die Forststraße*** stößt, heißt es aufgepasst: denn auf der rechten Seite, hinter einem Holzbank, sind zwei Bäume so ineinander verwachsen, dass sie ein sogenanntes ▶ ***„Engelsauge“*** ergeben, also einen Durchguck, durch den man „in himmlische Sphären schauen kann“ oder bei dem man sich etwas wünschen darf, so die Vorstellung der Altvorderen. Als wollten die beiden Bäume dies noch unterstreichen, verbinden sich hier eine Eiche, Sinnbild für Stärke und Treue, und eine Esche, die in der Mythologie als Weltenbaum bekannt ist und ebenfalls für Kraft sowie für Schutz und Lebensfülle steht.

Man kann hier sogar durchs Engelsauge hindurchgreifen und sein ersehntes Glück beim Schopfe packen … Dazu ist es wichtig, sich bewusst zu machen, welchen bedeutsamsten Wunsch man im Herzen trägt!

Unser Weg führt uns dann fast ▸ ***schnurgerade weiter nach Süden***, bis wir nach insgesamt einer Stunde Marsch das ▸ ***Lehenkirchl*** erreichen. Anmutig liegt es auf einem kleinen Hügel und erzählt doch wie alle anderen Pestkapellen von einer schaurigen Zeit, als der Schwarze Tod im Isarwinkel viele Menschenleben kostete. So wurde die Stelle hier einst zum wilden Friedhof von Bad Tölz und Wackersberg. Als Schutz gegen die Seuche gelobte man, den Sebastianstag auf ewige Zeiten zu feiern und – wenn das Elend endlich ein Ende hätte – eine Kapelle für den Heiligen zu erbauen. Als aber nach der Pest die Bäume für das Kirchlein geschlagen wurden, seien die Holzscheite ganz blutig gewesen und von Tauben an den eigentlichen Bauort am wilden Friedhof getragen worden – eine Sage, die man sich übrigens bei vielen Kapellenbauten erzählt. Und so kommt es, dass das Lehenkirchl bis heute über die Gebeine der dort Begrabenen wacht.

Wir haben nun den ▸ ***Scheitelpunkt der Runde*** erreicht. Wer eine Rast bevorzugt, kann von hier aus einen südwestlichen Abstecher zur Sonnenterrasse der Waldherralm machen oder mit uns die ▸ ***Lehenstraße nach Nordosten*** zum Biergarten des Altwirts hinaufwandern. Beides dauert etwa eine Viertelstunde, nur muss man bei der Waldherralm eine Verlängerung der Runde um etwa 30 Minuten einrechnen. Übrigens empfiehlt es sich bei Regen oder Schnee, den nun im Folgenden vorgestellten Schlenker nach Osten wegzulassen und lieber durch den Ort und dann auf dem Fußweg neben der Wackersberger Straße zu unserem Ausgangspunkt zurückzukehren. Dabei kommt man an liebevoll renovierten alten Bauernhäusern, der St.-Nikolaus-Kirche und einer kleinen Auferstehungskapelle vorbei, anmutig alpenländische Orte, die in jedem Fall einen kleinen Ausflug wert sind.

Bei trockenem Wetter jedoch führt uns unsere Route ▸ ***vom Brunnen unterhalb des Altwirts kurz nach Süden hinab*** und dann ▸ ***links, dem Wegweiser erst zur „Bibermühle" und dann zum „Isarwanderweg"*** folgend, ▸ ***nach Osten*** über die Wiesen zum Waldrand. Traumhaft schön ist es, mit dem malerischen Ausblick ins Gebirge vor Augen durch frühsommerlichen Löwenzahn zu wandeln! Wem nach einer längeren Runde ist, der kann vom Waldrand aus auch

Ein Naturdenkmal, das von selbst immer weiter nach oben wächst: die Steinerne Rinne.

den steilen Stich hinunter an die Isar wählen; doch sei angemerkt, dass der Weg dort ein bekannter und frequentierter Rad-Wander-Weg ist und insbesondere an Wochenenden kein ruhiges Plätzchen mehr bereithält.

Wer es stiller mag, lenkt mit uns seine Schritte ▸ ***nun nach Norden***. Ein schmaler Pfad führt ▸ ***immer am Waldrand entlang***, bis wir zwei große Scheunen erreichen. An der ersten geht es rechts vorbei, bei der zweiten gilt es wieder aufzupassen: Denn im neben uns liegenden Wald liegt gut getarnt ein Naturdenkmal, wie man es nicht allzu oft in Deutschland findet: eine ▸ ***Steinerne Rinne***!

Erst einmal hinunter und angeschaut, dann erklärt es sich leichter. Ein ▸ ***schmaler Pfad zweigt direkt neben der zweiten Scheune*** und rechts neben dem grünen Wegweiser nach Wackersberg unbeschildert hinab in den Wald und windet sich in engen Kehren in eine Schlucht. Vorsicht bei Regenwetter, dann könnte es den laubüberlagerten Weg schneller hinuntergehen, als einem lieb ist. Unten angekommen, geht es ▸ ***durch ein Gatter*** und dann ▸ ***wenige Meter in nördliche Richtung***. Augen auf, denn was nun links von uns liegt, ist nicht etwa eine menschengemachte Skulptur, sondern ein Zauberwerk der Natur. Ein schmales Rinnsal fließt hier auf einem erhöhten Steinlauf herunter und fängt sich in einem großen, runden Basin.

Eine Vielzahl von Wegkreuzen schenkt dem Wanderer einen Moment heiliger Stille.

Das Faszinierende daran ist, dass diese Rahmung von der Natur aus emporwachsendem Kalktuff selbst geschaffen wird und weiterwächst. Moose und Algen sind es, die in feiner Zusammenarbeit mit dem kalkhaltigen Wasser den grobporigen Tuffstein entstehen lassen. Ein wahres Geotop! Mögen es auch weiterhin nur wertschätzende Augen entdecken, auf dass es uns erhalten bleibt.

Für uns geht es nun wieder ▸ ***den kleinen Pfad zurück*** hinauf auf die Wiesen, wieder weiter nach Norden mit verspieltem Blick auf Wackersberg. Wer doch noch durch die schmalen Gassen des Ortes schlendern mag, kann hier geradewegs nach Westen hinaufgehen und oben an der Hauptstraße den Fußweg nach Norden nehmen. Für alle anderen geht es ohne ausgeschilderten Weg weiter nördlich am Waldrand entlang. Vor uns ragt in der Wiese eine mächtige Buche auf, an der sich eine kleine Rast mit prächtigem Blick in die Berge anbietet. Von hier aus gehen wir kurz nach Westen. Lange bevor dort die ersten Bäume beginnen, biegt schon wieder ▸ ***rechts ein leicht zu übersehender Trampelpfad nach Norden*** ab, der uns ▸ ***zum Gut Bohmerhof führen*** wird, einer imposanten Reitanlage mit Restaurant, auf dessen Terrasse es sich trefflich pausieren und noch einmal die Bergsicht genießen lässt. Mit einer deftigen Mahlzeit auf dem Tisch und bemerkenswertem Blick auf die bewaldeten Berghänge bereitet uns nun das Märchen über einen Tölzer Holzknecht und seine ungebremste Essleidenschaft einen vergnüglichen Schmaus für Aug und Ohr! **Geschichte S. 132**.

Vom Bohmerhof aus gibt es ▶ ***drei Möglichkeiten***, zurück zum Ausgangsort zu kommen: Die erste nimmt den Fußweg an der relativ wenig befahrenen Wackersberger Straße direkt nach Norden (ideal bei Regen oder Schnee). Die zweite macht dabei noch einen Schlenker über den ungewöhnlichen Aussichtspunkt des Spielhahnjäger-Denkmals über Bad Tölz. (Achtung: Die Beschilderung ist hier nicht immer eindeutig, deshalb ist Orientierungssinn vonnöten.)

Die dritte, die hier vorgestellt wird, führt westlich über Burgern und dann auf einem Waldweg nach Norden zur Wackersberger Straße. Dabei geht es vom Gut Bohmerhof erst ▶ ***hinauf zur Hauptstraße, wenige Meter links, dann über die Straße*** bei Hausnummer 40 in einen ▶ ***kleinen Feldweg***, der ▶ ***hinunter zur Burgernstraße*** führt. Dort ▶ ***rechts und nach ca. 400 Metern wieder rechts in den Wald*** hinein (Beschilderung „Bad Tölz“, W 4, W 3). Dieser Kiesweg lenkt unsere Schritte einen knappen Kilometer durch bunten Mischwald und zarte Frühlingsblüher hinauf zur ▶ ***Wackersberger Straße***. Dort biegen wir noch einmal ▶ ***links*** ab und erreichen hier die Bushaltestelle oder nach gut 100 Metern unser Auto. Ein letzter Blick über die Berge und ein letzter Gruß an die Sonne machen uns den Abschied von dieser prachtvollen Runde ein bisschen leichter.

Wackersberger Sonnenrunde

2:40 h Gehzeit | 9,8 km Länge | 50 hm | leicht

Ausgangspunkt in 83646 Bad Tölz:

Wanderparkplatz Wackersberg nahe dem Hotel Bergeblick, Wackersberger Straße 21" (bei der Bushaltestelle „Forsthaus")

Weg:

Sehr sonnig, meist gekieste Wege, großteils auch nach Regen- und moderatem Schneefall begehbar (Ausnahme: der östliche Schlenker am Waldrand und zur Steinernen Rinne). Im ersten Teil sehr gut beschildert zur „Pestkapelle" und dann zum Altwirt. Später nicht mehr beschildert.

Besonderheiten:

- Alte, hohle Linde
- Dachshöhlen (natürliche Nagelfluh-Höhlen)
- Ausblicke ins Karwendel
- Zwei Bäume mit Engelsauge
- Pestkapelle
- Steinerne Rinne (selbstwachsende Kalk-Wasser-Rinne)

Einkehr:

- Gastwirtschaft Waldherralm www.waldherralm.de
- Altwirt Wackersberg www.altwirt-wackersberg.de
- Gut Bohmerhof www.gut-bohmerhof.de/Bohmerhof-Stub-n
- Gastronomie Bad Tölz

Zuganfahrt:

Zug bis Bad Tölz bzw. Lenggries und dann per Bus nach Wackersberg, Ausstieg „Forsthaus"

Variationen:

Verkürzen lässt sich die Runde über die Quellenstraße. Auch kann man den östlichen Schlenker am Waldrand und zur Steinernen Rinne weglassen (bei Regen und Schnee ist dieser Wegteil nicht empfehlenswert). Verlängern kann man auf östlicher Seite an der Isar (Achtung Rad-Wander-Weg) oder über die Berge im Westen, z. B. Heiglkopf (1.218 m), Blomberg (1.248 m) und Zwiesel (1.348 m).

Tipps:

- Pfarrkirche St. Nikolaus
- Alte Bauernhäuser im Dorf
- Eis vom Beindlhof www.beindlhof-eis.de
- Silberalm Deko & Geschenke www.silberalm.bayern
- Alpenbad Arzbach www.wackersberg.de/alpenbadarzbach

Tourist-Info:

Bachstraße 8 (Oberfischbach)
83646 Wackersberg
Tel.: 08041-799280
E-Mail: info@wackersberg.de
www.wackersberg.de

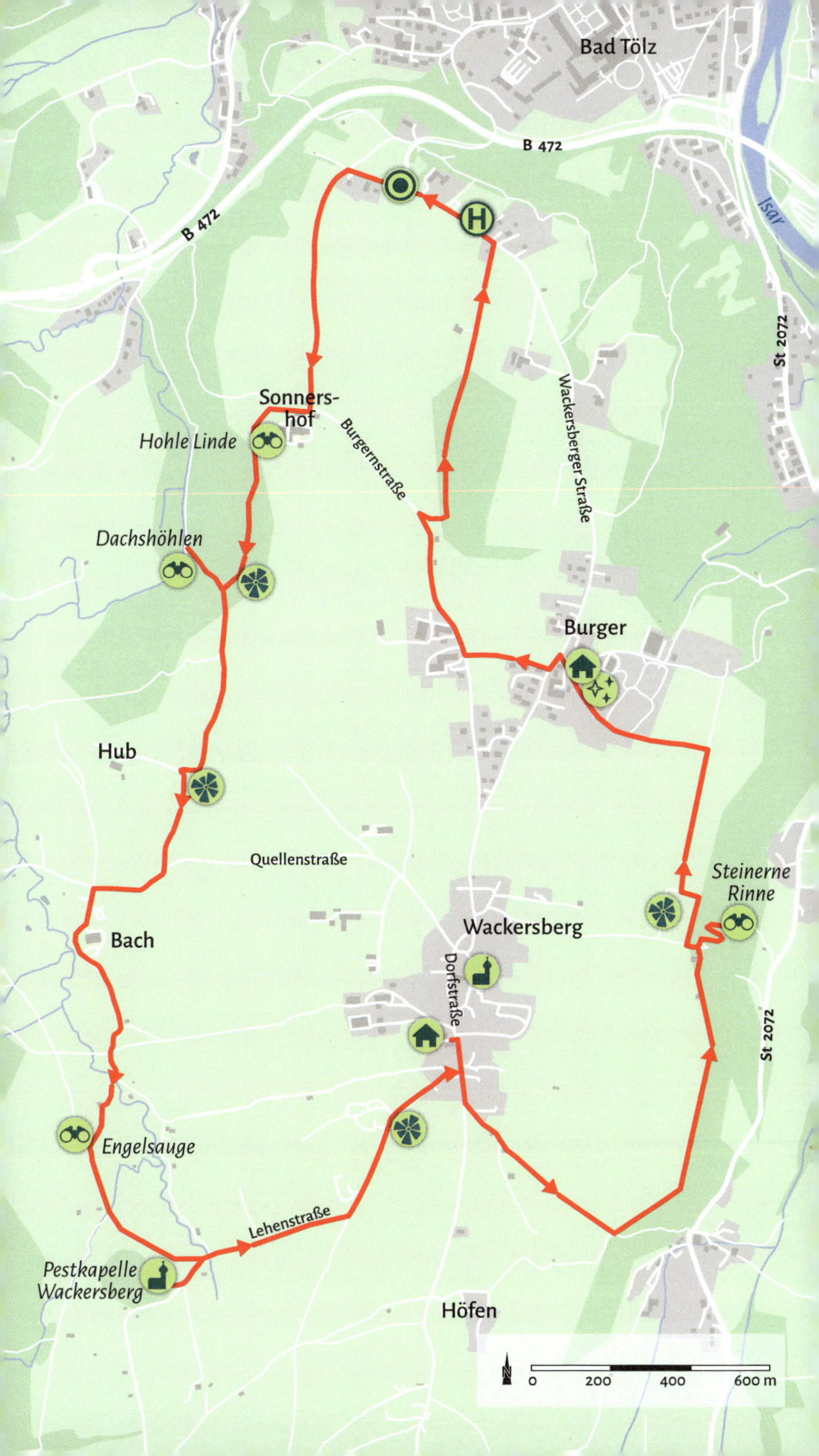
Bad Tölz
B 472
B 472
Isar
St 2072
Sonners-
hof
Hohle Linde
Burgernstraße
Wackersberger Straße
Dachshöhlen
Burger
Hub
Quellenstraße
Steinerne
Rinne
Wackersberg
Bach
Dorfstraße
St 2072
Engelsauge
Lehenstraße
Pestkapelle
Wackersberg
Höfen
0
200
400
600 m

Eine saftige Mahlzeit und eine saftige Tracht Prügel
Vom faulen Tölzer Holzknecht

ab 6 Jahren

Frei nach einem Märchen von Alfons Schweiggert

Dicht bewaldet stehen heute noch die Berghänge und Hügel rund um Bad Tölz. Viel Arbeit gab es deshalb seit jeher für die Holzknechte im Tölzer Land. Sie schlugen die Bäume um und machten sie zum Transport bereit. Bis nach München wurden die „Tölzer Prügel" über die Isar gebracht, teils als Bauholz, teils als Brennholz. Die Wälder hallten geradezu wider vom Schlagen der Hacken und waren erfüllt vom Geräusch der Sägen.

Doch nicht alle Holzknechte waren fleißige Männer. Der, von dem ich euch erzählen möchte, der suchte sich schon am frühen Vormittag ein sonniges Plätzchen, um ein kleines Nickerchen zu machen. Diesmal hatte er es sich auf einem alten Baumstumpf gemütlich gemacht, den Hut tief ins Gesicht gezogen und fast schon leise das Schnarchen angefangen – als ihn plötzlich ein seltsames Geräusch hochfahren ließ: ein eigenartiges Kichern!

Er sah sich um, aber entdeckte niemanden. Also rückte er sich seinen Hut zurecht und wollte gerade wieder einschlafen, als er dieses komische Kichern noch einmal hörte. Er zog die linke Augenbraue hoch, öffnete das eine Auge, schaute prüfend umher – nichts!

Doch da fing diese feine Stimme auf einmal das Singen an: „Heid Nacht lassn mir es krachan, essn lauta guade Sachan. Heid Nacht lassn mir's uns schmeckan, werdn de Finga uns abschleckan! Nach Deiz zua Hochzeid werdn mir geh und koana, koana werd uns seng!"

Während die Stimme mit einem erneuten Kichern verstummte, saß der Holzknecht aufrecht da, als hätte ihm jemand einen Schlag verpasst.

„Wos war etzad des? I her scho Stimmen?! Des konn ja ned sei. I hob doch heid no gar nix drunga ...!" Ratlos kratzte er sich an der Stirn. Aber was, was hatte die Stimme da gesungen: Auf eine Hochzeit wollte sie gehen! Und essen und trinken ...

„Mei, auf so a Hochzeid mechad i a amoi wieda geh!", rief der Holzknecht daraufhin aus. Auf einmal hat's unter seinem Baumstumpf gerumpelt und gebumpelt – und dann sind sie rausmarschiert: drei kleine Wichtel! Nicht größer als ein Holzscheit, graugrün angezogen, mit langen Bärten und kleinen grünen Kappen. Eben so, dass man sie im Unterholz niemals entdecken würde.

Und dann baute sich der älteste der drei, der verhutzelteste und verwutzelteste unter ihnen, vor dem Holzknecht auf – der Waldarbeiter musste natürlich immer noch nach unten schauen, weil die drei ja so klein waren.

Nun hob der Wicht an und sagte: „Hey, Holzerer, wia schaugt's aus? Mogst du mid uns zur Hochzeid gehen?!"

Dem Holzknecht stand erst einmal vor lauter Verblüffung der Mund sperrangelweit offen. Da kicherten die drei und der älteste sagte wieder: „Hey, Holzerer, i red mid dir? Mogst du mid uns zur Hochzeid gehn?"

Da erst fand der Waldarbeiter seine Stimme wieder und rief: „Ja freili! Freili mog i mid eich geh! Amoi wieda so richtig essn und dringa und lustig sei. Da bin i dabei ..."

Doch auf einmal blickte der Holzknecht ganz traurig aus der Wäsche: „Aba des gehd ja goar ned. I bin ja auf dera Hochzeid gar ned eingladn ..."

„Na und?!", rief da der kleine Wicht. „Moansd du denn, mia san eingladn?!" Und bei diesen Worten kicherten sie wieder alle drei.

„Ja aba, wenn ihr ned eingladn seid's, wia kennt's ihr denn dann midfeiern?" Der Holzknecht verstand die Welt nicht mehr.

„I verrat dir unser Geheimnis", flüsterte der Wicht nun. „Mir gengan mid unsere Neblkappn."

„Wia, mid eire Nebelk ..."

„Bschhhhhhhhhddddddd!", unterbrach ihn der Wicht sofort. „Bisd du depperd! Des is doch unser Geheimnis! Des konnst du doch ned so aussiplärrn!"

„Ja, ja", flüsterte nun auch der Holzknecht beschwichtigend. „Mid eire Nebelkappn", fügte er fast unhörbar an – und dann ganz laut: „Aba wos is denn des?"

Da kicherten die drei wieder und der älteste sagte: „Guad, i zoag's dir!" Mit diesen Worten zog er ein kleines graues, schleimiges Ding aus der Tasche.

„Buahhhhh“, machte der Holzknecht, weil er es so greislig fand.

Dann aber zog der Wicht das graue Etwas auseinander und schon sah man, dass es eine Kappe war, eine Nebelkappe. Er setzte sie auf den Kopf und – Briiiiiiiiiiinnnnnnnnnggggggg! – war der ganze Wicht verschwunden!

„Hey! Etzad woas i's: Eire Nebelkappn machan unsichtbar“, flüsterte der Holzknecht begeistert. „Genau!“, sagte der Wicht und mit einem weiteren Briiiiiiiiiiinnnnnnnnnggggggg war er mit der Nebelkappe in der Hand wieder zu sehen.

„Da bin i dabei“, rief der Waldarbeiter fröhlich. „Da kimm i a mid!“

Doch auf einmal sah der Wicht ganz ernst drein: „Aba oans, oans, Holzerer, muasd du uns versprecha! Du derfsd so vui essn und dringa wia'sd du mogsd, aba du derfst nix, aba a goar nix in dei Taschn steckn! Versprichsd du mir des? Weil sonst wirkd de Nebelkappn nimma!“

„Ha, des versprich i dir leichd, wenn i doch so vui essn und dringa derf, wia i mog!“ Der Holzknecht nickte eifrig. Und so machten die vier untereinander aus, dass sie sich am Abend bei Sonnenuntergang an diesem Baumstumpf treffen und gemeinsam zum Hochzeitsessen gehen wollten.

Und so kam es auch. Alle zogen ihre Nebelkappen aus der Tasche. Der Holzknecht bekam auch eine – und schon waren sie mit einem vierfachen Briiiiiiiiiiinnnnnnnnnggggggg im Nichts verschwunden.

In Tölz aber warteten bei der Hochzeit dick beladene Tische auf sie. Alle möglichen Köstlichkeiten gab es hier: Schnitzel, Schweinsbraten, Rouladen, Gulasch, Ragout … Dazu Kartoffeln, Knödel, Nudeln, Spätzle und, und, und … Der Holzerer ließ es sich schmecken wie schon lange nicht mehr. Er aß und aß und aß. Denn mit der Nebelkappe konnte ihn ja keiner der feinen Damen und Herren um ihn herum entdecken. Und alle waren selber so mit Essen beschäftigt, dass keinem auffiel, dass sich die Teller schneller leerten, als es eigentlich möglich war.

Unser Holzknecht hatte inzwischen so viel gegessen und getrunken, dass die Hose um seinen Bauch allmählich zu eng wurde. Da fiel sein Blick auf all die Nachspeisen. Und, obwohl er

Wahre Wunderwerke sind alte Linden wie diese, wenn sie um die Leere herum neu aufblühen.

eigentlich kein „Süßer“ war, musste er auch hier probieren – es gab Marmorkuchen, Obsttorten, Ausgezogene, Topfenstriezel, Mandelhörnchen, Schokokringel und so vieles mehr …

Eigentlich war er inzwischen so voll, dass er schon kurz vorm Platzen war, als die Bedienung ausgerechnet mit seiner Leibspeise vorbeikam: Schweinshaxe! Oh, dieser Duft! Der Holzknecht lief der Bedienung hinterher wie ein ausgehungertes Hunderl. Und als sie das Tablett auf das Buffet stellte, da konnte er nicht anders, als sich gierig das größte und saftigste Stückerl rauszusuchen. Aber so sehr er auch wollte, er konnte einfach nichts mehr essen.

Da fiel ihm ein, wie herrlich diese Schweinshaxe morgen Mittag zur Brotzeit schmecken würde. Und ohne groß weiter nachzudenken, schob er sie in die Tasche seiner alten Arbeitslederhose hinein. Da ertönte auf einmal ein lauter RRRRRRUUUUUUUMMMMMMMSSSSSS... Die Nebelkappe wirkte nicht mehr und der Holzknecht stand deutlich sichtbar zwischen allen Gästen.

Die hübschen Frauen in ihren edlen Dirndln wandten sich angewidert von ihm ab. Die Mannsbilder jedoch in ihren neuen Hirschledernen, die schoben sich sofort die Ärmel ihrer Hemden nach oben. Denn eines war klar: Dieser Typ in der alten Lederhosn gehörte nicht hierher!

Naja, und was soll ich sagen: So hat unser Holzerer nach seiner saftigen Mahlzeit auch noch eine saftige Tracht Prügel bekommen. Und er hat sich so sehr geschämt, dass er sich nie wieder in Bad Tölz hat blicken lassen.

Und die Wichtel? Nun, die sind immer noch auf Hochzeiten und anderen Feiern mit ihren Nebelkappen unterwegs. Passt einmal genau auf, vielleicht entdeckt ihr sie ja irgendwo, wenn sie sich wieder an fremden Buffets gütlich tun!

Auf der Jagd nach Sonne, Luft und Weite ist man hier genau richtig.

Thanninger-Weiher-Tour 11

Seerosen, Schilf und luftige Wälder

2:25 h Gehzeit
9 km Länge
83 hm leicht

Wie himmlische Spiegel liegen die drei Thanninger Weiher im Wald.

Nicht nur der Impressionist Claude Monet hätte seine Freude an diesem ausgedehnten Spaziergang durch lichtgeflutete Wälder gehabt. Vorbei an anmutigen Seerosen und an grün bemoosten Baumstämmen schlängelt sich der Rundweg um die Thanninger Weiher. Still und etwas verwunschen erstrecken sich die flachen Moortümpel zwischen hohen Laub- und Nadelbäumen und tauchen alles ringsum in saftiges, kraftvolles Grün. Ein Grün, das auch der Seele guttut, insbesondere an regnerischen Tagen, wenn Wald und Büsche noch eindrucksvoller wirken als sonst.

Hohe Wanderstiefel empfehlen sich für diese Runde bei jedem Wetter. Denn die Wege sind teilweise etwas sumpfig oder matschig und laden manchmal zu einem kleinen Balanceakt über hingeworfene Äste oder Stämme ein. Auch braucht man etwas Orientierungssinn, denn für die Runde gibt es keine Beschilderung.

Auf schmalen Pfaden kann man die kleinen Seen umrunden.

Das gilt auch schon für den ▸ *Parkplatz in Öhnböck*. Wir fahren die Argeter Straße Richtung Osten und biegen gleich wieder rechts in den Weiherweg ein. Wiederum rechts gibt es entlang der Straße einen Kiesstreifen, auf dem wir parken können. Südlich davon, kurz bevor die Straße eine Biegung macht, führt ▸ *links ein Feldweg* durch die Viehweiden. Hier starten wir und kommen bald zum Gelände des Fischereivereins München, der die idyllischen Gewässer betreut und befischt. Hierauf sollte man auch besondere Rücksicht nehmen, sowohl beim Wandern entlang der Anglerplätze als auch beim vielleicht abschließenden Bad im westlichsten Weiher.

Die Wege führen an beiden Seiten rund um die kleinen Seen. So bleibt es dem Wanderer selbst überlassen, wie er die Tour geht. Ich bevorzuge an dem großen Park- und Badeplatz den ▸ *rechts abzweigenden schmalen Pfad* zu wählen, der uns am ▸ *Südufer des ersten Weihers* entlangführt, teils auf sumpfigem Grund, teils auf federndem Waldweg. Gerade an Regentagen unter der Woche ist hier kein Mensch zu sehen, vielmehr bieten kleine Stege und Grasplätze immer wieder lauschige Ausblicke auf den flachen Moorsee, der nur an der Auslaufstelle mehrere Meter tief wird.

Bald schon erreichen wir den ▸ ***nächsten Weiher*** und können auch am Nordufer weitergehen, wenn uns das verlockender erscheint. Die unterschiedlichsten Grüntöne von Buchen, Eichen, Linden, Fichten und Tannen sowie allerlei Buschwerk schmeicheln den Augen. Würziger Waldduft steigt uns in die Nase, während wir den ▸ ***dritten Weiher*** erreichen. Hier sollte man wieder den ▸ ***südlichen Weg*** wählen, der bald an dichtem Schilf weiter Richtung Osten führt, vorbei an Bäumen, die in dickes, flauschiges Moos gekleidet sind.

Wem allmählich der Magen knurrt, dem kommen sicherlich die Hinweisschilder auf das ▸ ***Gasthaus Hansch in Feldkirchen*** recht. Die Wan-

Manch Wanderer hinterlässt seine ganz eigenen kleinen Skulpturen am Waldrand.

derung verlängert sich dadurch insgesamt um etwa 40 Minuten Gehzeit, die in unsere Gesamtzeit aber schon eingerechnet ist. Man folgt am Ende des dritten Sees und seiner Schilflandschaft weiter dem ▸ *Forstweg*, der nach ▸ *rechts einen kleinen Anstieg* nimmt, und wandert ▸ *Richtung Südwest*. Vorbei an dick bestückten Brombeersträuchern, die aufgrund des Fuchsbandwurms jedoch insbesondere in tieferen Lagen mit Vorsicht zu genießen sind – und zudem eine tückische Begleiterin haben: Die hochgiftige Tollkirsche wächst daneben üppig am Wegesrand und sollte keinesfalls gepflückt werden.

Bald schon führt die Forststraße aus dem Wald auf freie Flächen und nach gut einer Stunde Fußmarsch kommt der Fünf-Häuser-Weiler Feldkirchen in Sicht. Das Gasthaus selbst bietet einen schönen Biergarten unter alten Kastanien und je nach Fang auch Fisch aus den Thanninger Weihern. Mit etwas Glück gibt es auch noch geräucherte Forellen, die man sich mitnehmen kann.

Der ▸ *Rückweg ist großteils der gleiche wie der Hinweg*. Im Wald kann man an einer mehrfachen Weggabelung den ▸ *zweiten linken* Pfad nehmen, um etwas östlich zur alten Route gleich direkt zur Ostspitze des dritten Sees zu gelangen und dort schließlich auf einen Waldweg zu stoßen. Nun geht es ▸ *links in westlicher Richtung* zurück zu unserem Ausgangspunkt.

Die meiste Zeit wandern wir direkt am Seeufer entlang. Wir können Seerosen bewundern oder auf den insgesamt elf Hektar großen Wasserflächen die Fische bei ihren Streifzügen beobachten. Insbesondere dicke Karpfen und schlanke Hechte ziehen hier gemächlich durch das flache Braungrün. Überall warten Bänke auf verweilfreudige Wanderer. Hier bietet es sich auch an, die illustre Sage zu lesen, die wie gemacht für diese herrliche Waldrunde mit den vielen spiegelglatten Flächen der Weiher ist. Sie geht der heiteren Frage nach, was wohl passieren würde, wenn die Tiere im Wald einen Spiegel fänden, und zeigt uns auf, wie schwer es ist, die Welt mit den Augen anderer zu sehen **Geschichte S. 144**.

Durch schattige Waldpfade geht es schließlich wieder ▸ *entlang der drei Weiher zurück*. Wer möchte, kann bei dem dritten ebenfalls einen schmalen ausgetretenen Weg direkt am Wasser entlangwandern und die wildromantische Stimmung zwischen Blattwerk, Seetulpen und Schilf genießen. An diesem westlichsten

Fischweiher ist auch ein abschließender Sprung ins kühle Nass erlaubt – immer mit Blick auf mögliche Angelleinen natürlich, die hier und dort von erwartungsfrohen Anglern ins Wasser gehalten werden.

Lauschige Plätze, an denen man die Füße baumeln lassen kann.

Thanninger-Weiher-Tour

2:25 h Gehzeit | 9 km Länge | 83 hm | leicht

Ausgangspunkt in 82544 Egling/Thanning/Öhnböck:
Parkplatz, Weiherweg

Weg:
Überwiegend schattig; nach Regen schnell matschig.
Nicht beschildert, aber leicht zu finden.

Besonderheiten:
- Drei Waldweiher, einer davon Badeweiher
- Schilfgürtel und Seerosenfelder
- Auch bei Regen schön zu gehen (mit Stiefeln!)

Einkehr:
- Gasthof Hansch in Feldkirchen www.toelzer-land.de/a-gasthaus-hansch
- Gasthof Jägerwirt in Aufhofen www.gasthof-jaegerwirt.de
- Gastronomie Egling

Zuganfahrt:
Mit der S-Bahn S7 nach Wolfratshausen, dann mit dem Bus 377 Richtung Bad Tölz, Ausstieg „Thanning“, von dort fünf Minuten Fußweg

Variationen:
Verkürzen lässt sich die Runde stets am Ende jedes Weihers oder man geht sie ohne Einkehr in Feldkirchen.
Verlängern lässt sie sich über das Gasthaus nach Westen an Moosham vorbei in die Spatenbräufilze als Rundweg nach Egling und dann Thanning zurück.

Tipps:
- Pfarrkirche St. Peter und Paul in Thanning
- Kirche St. Georg in Feldkirchen
- Schloss Harmating
- Keltenschanzen in den Ortsteilen Deining, Neufahrn und Endlhausen

Tourist-Info:
Rathausstraße 2
82544 Egling
Tel.: 08176-93120
E-Mail: gemeinde@egling.de
www.tourismus.egling.de

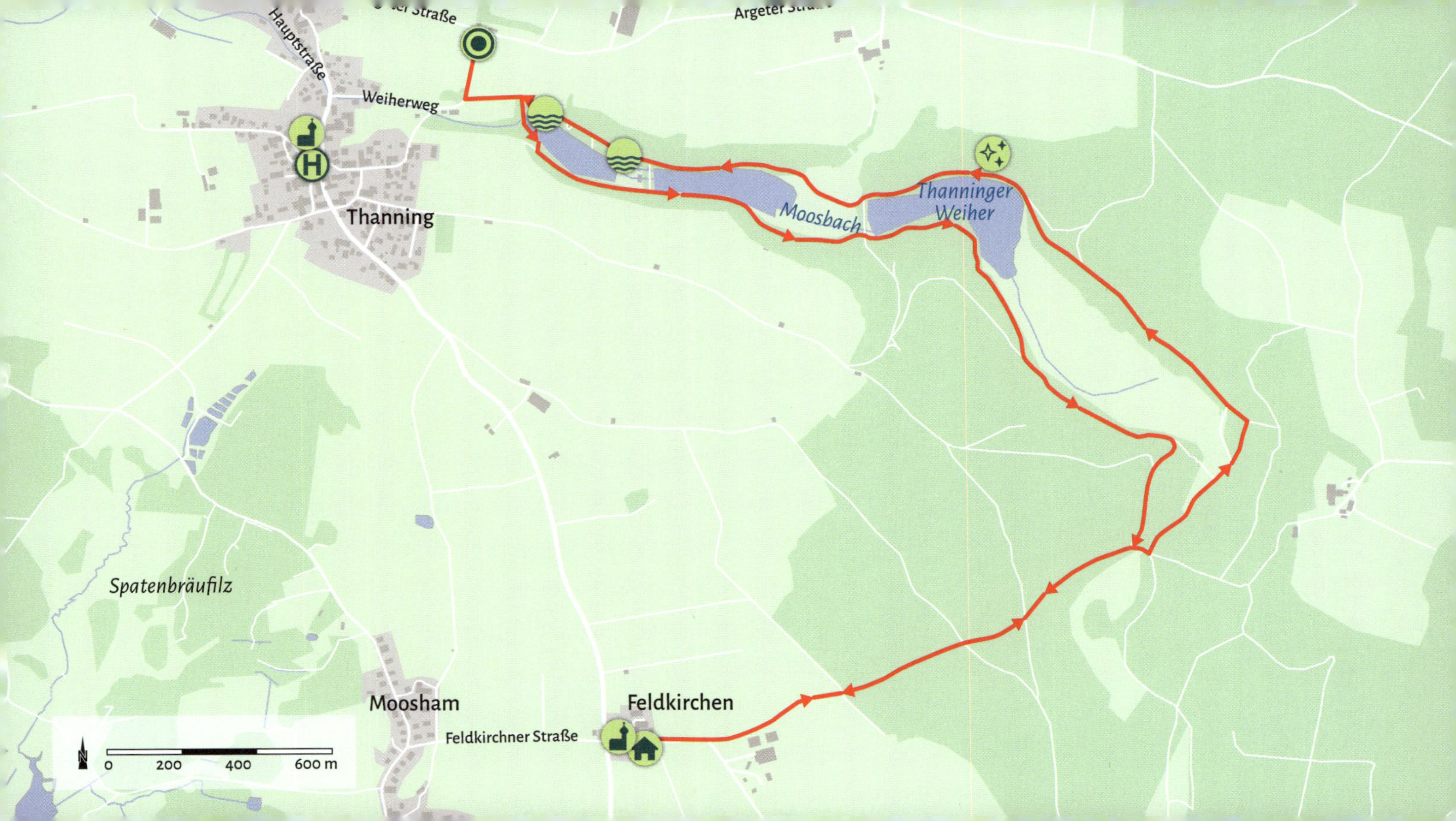
Straße
Argeter Straße
Hauptstraße
Weiherweg
Thanning
Moosbach
Thanninger Weiher
Spatenbräufilz
Moosham
Feldkirchen
Feldkirchner Straße
0
200
400
600 m

Wer hat denn nun recht?
Vom Spiegel im Wald

ab 4 Jahren

Wie wunderbar sind doch jene fabelhaften Geschichten, in denen die Tiere im Wald unsere Rollen übernehmen und wir – während wir noch herzhaft über sie lachen – merken, dass wir selbst gemeint sind. So ging es auch mir, als ich diese Geschichte von Jasmina Maksimovic und Helmut Wittmann, meinem lieben Erzählkollegen aus Österreich, das erste Mal zweisprachig gehört habe. Jasmina hat diese Geschichte aus ihrer Heimat, dem Balkan, mitgebracht. Ich finde die Erzählung so wunderbar und vor allem passend für die Weiherrunde, dass sie hier ihren Platz bekommen soll – mit freundlicher Genehmigung der beiden ursprünglichen Erzähler. Herzlichen Dank dafür!

Da hüpfte eines Morgens ein Hase munter durch den Wald und freute sich seines Daseins – wie es die Tiere einfach so vergnügt tun, während wir Menschen oftmals schon über die mögliche Last des Tages sinnieren. Jedenfalls entdeckte der Hase auf einmal so ein seltsames blinkendes Ding im Morgenlicht. Erst dachte er, es wäre eine Wasserpfütze, die da so leuchtete. Doch dann merkte er, dass es eine kleine ovale Scheibe war, die, mit Rahmen und Griff umfasst, unter einem Baum lag.

Ja, was ist denn das, dachte er sich und griff danach. Aber, welch ein Schrecken! Ein Hasengesicht sah ihn plötzlich daraus an. Und der Hase machte einen schnellen Hopser zurück. Doch die Neugierde hatte ihn gepackt und so griff er noch einmal danach.

Schwupps, da war es wieder: das Häschen in dem Ding!

Seltsam, dachte sich der Hase. Ist das ein anderes Häschen – oder habe ich hier gar mein Gesicht verloren ...?! Hin und her drehte er den Spiegel und rief damit ein Eichhörnchen herbei, dem das Blinken und Strahlen im dunklen Wald nicht verborgen geblieben war.

„Hey, was hast du da?“, fragte das Eichhörnchen keck.

„Ich?“, sagte der Hase. „Ich weiß es auch nicht so genau. Aber es sieht so aus, als wäre da mein Gesicht drin. Oder das eines anderen Hasen?“

„Wie? Dein Gesicht?", das Eichhörnchen wurde neugierig. „Lass mich mal sehen!"

Und mit diesen Worten schnappte es dem Hasen den Spiegel aus der Hand. Es sah hinein ... und fing auf einmal schallend zu lachen an: „Wie? Da soll ein Hasengesicht drin sein? Du kannst wohl einen Hasen nicht von einem Eichhörnchen unterscheiden?! Da drin ist eindeutig ein Eichhörnchen zu sehen!"

„Ach, red keinen Unsinn!", entgegnete der Hase stolz. „Da sieht man ganz klar ein Hasengesicht. Schau her!"

Schon zog er dem Eichhörnchen den Spiegel aus den kleinen Pfoten und blickte wieder hinein: „Da! Was hab ich gesagt?!"

Allmählich entbrannte ein richtiger Streit zwischen den beiden. Das rief einen Raben auf den Plan, der über ihnen in den Baumwipfeln nach Beute Ausschau gehalten hatte.

„Was schreit ihr da unten eigentlich so herum?", wollte er wissen.

Da zeigten ihm die beiden den Spiegel und erzählten von ihrer Meinungsverschiedenheit.

„Der Hase meint, darin wäre sein Gesicht", kicherte das Eichhörnchen und wurde noch röter, als es eh schon war.

„Da drin ist auch MEIN Gesicht", schrie der Hase wutentbrannt und wollte schon auf sein Gegenüber losgehen, als der Rabe um Ruhe bat.

„Moment mal. Was haltet ihr davon, wenn ich als unparteiischer Schiedsrichter in dieses Ding gucke, hm?"

Das leuchtete den beiden Streithähnen ein und sie nickten.

Da nahm der Rabe den Spiegel, blickte hinein – und dann geringschätzig von einem zum anderen: „Also, ich weiß ja nicht, was ihr beide hier sehen wollt, aber da drin ist eindeutig ein RABE zu sehen! Und nichts anderes!"

Jetzt war der Krach zwischen den dreien perfekt. Ein jeder versuchte, dem anderen den Spiegel aus der Hand zu reißen und zu beweisen, dass er – und zwar nur er – recht hatte.

Vor lauter Krach merkten die drei Streithähne gar nicht, dass sich der Bär des Waldes hinter ihnen mit missmutigem Gesicht aufbaute.

„Ruhe!", schrie er endlich. „Euer Geplärr und Gezeter ist ja nicht auszuhalten. Was ist denn überhaupt hier los?"

Da riefen die drei durcheinander, dass jeder behaupte, dass in diesem Ding sein Gesicht zu sehen sei und dass ja schließlich nur einer recht haben könne und …

„Gut“, schnitt der Bär jedes weitere Wort mit einem tiefen Brummen ab. „Dann werde ich euch jetzt sagen, WESSEN Gesicht hier drin zu sehen ist.“

Er krallte sich den Spiegel, blickte prüfend hinein – und auf einmal nahm sein Gesicht einen sehr selbstgefälligen Ausdruck an. Dann räusperte er sich und wandte sich zum Gehen: „Ich glaube, hier wäre wohl jedes Wort zu viel und vergebens. Denn wenn ihr drei bisher noch nicht erkannt habt, dass man hier drin einen Bären sieht – einen außerordentlich hübschen Bären übrigens. Nun, wenn euch das bisher entgangen sein sollte, dann ist es besser, kein weiteres Wort mehr darüber zu verlieren!“

Mit diesen Worten ging er, fasziniert in den Spiegel starrend, von dannen und ließ die drei mehr als verdutzt Dreinschauenden, den Hasen, das Eichhörnchen und den Raben, hinter sich im Wald zurück.

In seiner Höhle angekommen, zeigte der Bär sofort seiner Gattin den Spiegel. Auch sie war gleich ganz verzückt: „Ohhh, was für eine attraktive Bärin da drin zu sehen ist!“

„Bärin? Oder doch eher ein Bär!“, brummte ihr Mann. „Aber ist ja auch eigentlich egal, oder?!“

Mit diesem Satz hängte er den Spiegel an den Eingang ihrer Wohnung und jedes Mal, wenn er nun dran vorbeiging, lächelte er sich versonnen zu.

„Weißt du, was das Verrückteste ist?“, sagte er irgendwann zu seiner Bärin. „Dass Hase, Eichhörnchen und Rabe behaupteten, in diesem Ding wären IHRE Gesichter zu sehen. Aber mal ganz ehrlich: Wie kann man nur so DUMM sein zu glauben, hier wäre irgendetwas anderes zu sehen als ein hübscher, stattlicher Bär, oder?!“

Tegernseer Höhenweg mit Bootsfahrt

12

Künstler, Könige und Kaiser

2:25 h Gehzeit
8 km Länge
198 hm leicht

Gerade im Herbst ist die Sicht ins Tegernseer Tal phänomenal.

Eine Vielzahl an verstorbenen und aktuellen Berühmtheiten kann das Tegernseer Tal in seiner Ehrenbürger-Liste vorweisen. Seit dem 19. Jahrhundert zieht es Wohlhabende, Einflussreiche und Künstler geradezu magisch an. König Maximilian I. Joseph von Bayern hatte es aus dem Dornröschenschlaf geweckt, als er das säkularisierte Kloster 1817 für seine Gattin Karoline kaufte. Mit dieser royalen Sommerresidenz nahm eine ungeahnte wirtschaftliche und kulturelle Entwicklung im Tal ihren Anfang – und so beginnen auch wir unsere Rundtour, die übrigens auch für junge Wanderer mit interessanten „tierischen Persönlichkeiten" aufwartet, eben am ► *Zentralparkplatz gegenüber vom Kloster Tegernsee.*

Ein Tipp noch zu Beginn: Bitte klären Sie vorab die aktuellen Möglichkeiten, vom „Seehotel Überfahrt" mit dem Schiff oder dem Boot zurück zur Point oder nach Tegernsee zu kommen. Wenn kein

Sollte man sich nicht entgehen lassen: die Überquerung der Egerner Bucht mit Überführer Stefan.

Schiffsverkehr stattfindet, bleibt sonst nur die Fahrt zurück mit Bus oder Taxi oder der Marsch zu Fuß.

Nun aber geht es los: Am östlich an der ▸ *Seestraße* gelegenen Museum Tegernseer Tal, das bei der Rückkehr gerne seine Pforten für einen Besuch öffnet, biegen wir ▸ ***links in die Bahnhof***- und kurz darauf wieder ▸ ***rechts in die Karl-Stieler-Straße.*** Nach wenigen Metern weisen uns die ▸ ***gelben Schilder rechts zum Tegernseer Höhenweg*** (Nr. 510). Bald darauf gabelt er sich und wir wählen den ▸ ***flacheren Anstieg rechts*** auf den ▸ ***Walderlebnispfad Lärchenwald,*** dem wir bei der ▸ ***nächsten Gabelung links hinauf*** folgen und der uns ideenreich über die Nordosthänge des Sees leitet.

Nicht nur Kinder können hier am Wegesrand spielerisch Wissenswertes und Anschauliches über die Flora und Fauna entdecken. Auf den kommenden ca. 750 Metern ermuntern zehn Stationen dazu, wichtige Jahreszahlen des Tales kennenzulernen, Tierspuren zu entdecken, Baumarten zu unterscheiden und auf Geräusche zu lauschen. Auch so manches Porträt tierischer Berühmtheiten des Waldes ist zwischen den Bäumen versteckt …

Übrigens spazierte hier einst der Maler August Macke mit seiner Frau Elisabeth entlang, die 1909/10 nach ihrer Hochzeitsreise ein Jahr lang am Tegernsee lebten, hier ihr erstes Kind bekamen und von Luft, Licht und der winterlichen Schneewelt begeistert waren. In dieser Zeit lernte Macke auch Franz Marc und die Künstlervereinigung „Blauer Reiter" kennen (siehe Tour S. 67).

Auf unterhaltsame Weise hat uns nun der illustre ▶ ***Waldpfad*** zu einem der ersten herrlichen Aussichtspunkte geleitet: dem ▶ ***Großen Paraplui,*** den König Max I. erbauen ließ und an dem er sich 1822 mit dem russischen Zar Alexander und mit Kaiser Franz von Österreich traf. Wie von Macke gemalt erstreckt sich der See vor uns, insbesondere die Egerner Bucht im Süden mit Blick auf den Wallberg, das Ringbergschloss und zwischen beiden hindurch auf die Blauberge.

Der weitere Weg führt uns nun etwas bergauf und bergab. Erst geht es in ▶ ***Richtung Osten*** hinauf zu den großen Eichen über dem Paraplui, dann schwingt sich die ▶ ***Ellingerstraße erst ein paar Höhenmeter hinunter,*** bevor sie ▶ ***linkerhand zum Leeberghof*** wieder emsig hinaufklettert. Wir lassen uns von dieser Achterbahn zum nächsten grandiosen Ausblick an den Tischen der Sassa Bar vom Leeberghof tragen und wer mag, kann hier eine kleine Pause einlegen.

Danach wartet pure Natur auf uns. Der ▶ ***Weg schlängelt sich gemächlich*** durch den lichten und im Herbst leuchtenden Laubwald. Ahorne, Birken, Buchen, Eschen, Lärchen und Pappeln wetteifern um die prächtigsten Farben. Kiefern, Fichten und Tannen rahmen ihren Auftritt in ruhigem Dunkelgrün ein. Dazwischen summt und brummt, singt und zwitschert es, dass es eine wahre Freude ist.

Die Beschilderung ▶ ***„Tegernseer Höhenweg – nach Rottach-Egern, Ortsteil Berg“*** lotst uns schließlich wieder ▶ ***talwärts,*** bis wir auf den ▶ ***Riederstein-Parkplatz*** am Süßbach treffen. Hier gilt es aufgepasst, will man einen kurzen Blick auf das Haus eines der bekanntesten Tegernseer Künstler erhaschen, das frühere Domizil des bayerischen Schriftstellers ▶ ***Ludwig Thoma.*** Wir zweigen dazu ▶ ***nach dem Parkplatz linkerhand auf einen kleinen Feldweg,*** der uns in ▶ ***südliche Richtung*** führt. Rechts von uns sind eine Wiese, ein paar Bäume und endlich ein hübsches altes Bauernhaus mit üppigem Holzbalkon zu sehen. An den „Tuften 12“ liegt das ehemalige Wohn- und Sterbehaus von Thoma, das aber von der Straße selbst nur von der Rückseite her zu sehen ist. Deshalb lohnt durchaus dieser Blick durch die Bäume auf das Haus, das großteils noch im Originalzustand erhalten ist – oder aber ein gezielter Abstecher in das von der Stadt München verwaltete Künstlerhaus (Achtung: nur mit vorheriger telefonischer Anmeldung möglich, Tel.: 08022-5382).

Unten am ▶ *Ludwig-Thoma-Weg* angekommen, lassen wir uns von der ▶ *Rottach westwärts* führen. An beiden Seiten des Baches laufen Wege entlang, sodass wir je nach Wetter und Jahreszeit wählen können. Haben wir die ▶ *Nördliche Hauptstraße* erreicht, ▶ *überqueren* wir sie, gehen leicht ▶ *links am See- und Warmbad vorbei* zum Pavillon in der Rottacher Bucht. Ringsum locken in Rottach zudem auch eine Vielzahl von Geschäften und Cafés zu einem Bummel – nur zu, wir treffen uns dann wieder an der ▶ *Seepromenade!*

Denn hier warten drei Herren auf uns, denen wir unbedingt einen kurzen Besuch abstatten müssen: die ▶ *lebensgroßen Figuren* der beiden Schriftsteller Ludwig Ganghofer und Ludwig Thoma sowie des Schauspielers und Sängers Leo Slezak. Eine gute Freundschaft verband die drei Künstler, die im Tegernseer Tal ihren Lebensabend verbrachten und alle auf dem Friedhof der St.-Laurentius-Kirche ihre letzte Ruhestätte gefunden haben. Wer möchte, kann in wenigen Minuten auch noch einen kurzen Schlenker zum Friedhof dort machen – oder sich über die Geschichte vom Engel Aloisius, dem „Münchner im Himmel", amüsieren, die Ludwig Thoma 1911 veröffentlicht hat ✧ **Geschichte S. 154**.

Unser weiterer Weg führt nun ▶ *stets am See entlang*, mal neben der Straße, mal in den kleinen blumigen Parkanlagen. Wenn wir die Egerner Bucht umrunden, geht die Seestraße erst in die ▶ *Fürsten-, dann in die Überfahrtstraße* über. Mit dem ▶ *Bootsanlegeplatz* des Gourmet-Restaurants und 5-Sterne-Hotels „Überfahrt" haben wir auch schon fast unser Wanderziel erreicht, denn ▶ *ab hier geht es mit dem Schiff oder dem Boot* weiter. Von Mai bis Oktober kann man sich bei gutem Wetter vom Überführer Stefan über den See rudern lassen: Einfach die Glocke am rund 100 Meter nördlich gelegenen Steg läuten.

Ansonsten verkehrt meist stündlich die Seenschifffahrt und schon in zehn Minuten erreichen wir unser Ziel beim ehemaligen Kloster und heutigen Schloss und Bräustüberl in Tegernsee.

So oder so bietet sich hier noch ein kleiner Märchen-Stopp an, denn an dieser Stelle erzählt man sich im Tegernseer Tal schon lange die Geschichte vom armen Rockadirl, das in den Tiefen des Sees auf seine Erlösung gewartet hat ✧ **Geschichte S. 156**.

Wer nun das Vernügen hat, sich vom jetzigen Überführer zwar nicht unbedingt retten, aber doch hinüber ▶ *ans andere Ufer* brin-

Kirche, Schloss, Gymnasium und Bräustüberl – das ehemalige Kloster Tegernsee hat es in sich.

gen zu lassen, hat von dort aus noch einen kurzen, sehr hübschen Fußmarsch vor sich. ▸ *Gut eineinhalb Kilometer geht es am Seeufer entlang*, auch ein Abstecher über den kleinen Paraplui auf der Point ist möglich. Dann geht es etwa 200 Meter an der ▸ *Seestraße* am ▸ *linken Gehweg* weiter, bis uns ein Spazierweg wieder ▸ *direkt an den See* bringt. Ihm kann man an Fischrestaurants und an der Fischerei vorbei zum ▸ *Schloss Tegernsee* im ehemaligen Kloster folgen. Hier erwartet einen die Pfarrkirche St. Quirin – oder, wer das Weltliche bevorzugt, das Bräustüberl mit dem weithin bekannten Tegernseer Bier. Passend dazu gibt es noch ein „Bayerisches Märchen" vom Tegernseer Pferdeei obendrauf, das aus dem herrlichen gleichnamigen Buch von Alfons Schweiggert stammt **Geschichte S. 158**.

Oder man verweilt weiter auf der Schlosspromenade und erreicht diverse schmucke Cafés beim Tegernseer Rathaus. Von hier ist es dann nur noch ein Katzensprung zurück zum Parkplatz oder einige Minuten hinauf zum Bahnhof, und so lohnt es sich bei einem kühlen Hellen oder einem genussvollen Kaffee noch das Lebensgefühl der VIPs nachzuempfinden, die aus aller Welt hierher an den Tegernsee gekommen sind.

Tegernseer Höhenweg mit Bootsfahrt

2:25 h Gehzeit | 8 km Länge | 198 hm | leicht

Ausgangspunkt in 83684 Tegernsee:

Zentralparkplatz, Seestraße 9

Weg:

Im Winter sonnig, im Sommer teilweise schattig. Großteils gekieste Wege, die auch nach Regen begehbar sind (Achtung: vereiste Stellen im Frühling). Im ersten Teil sehr gut beschildert, ab dem Rückweg über Rottach-Egern nicht mehr.

Besonderheiten:

- Erlebnispfad Lärchenwald
- Sicht über See und Berge
- Drei-König-Paraplui
- Ludwig-Thoma-Haus, Tel.: 08022-5382, www.tegernsee.com/a-ludwig-thoma-haus
- Skulpturen von Thoma, Ganghofer, Slezak
- Seeüberfahrt mit Ruderfähre www.tegernsee.com/ a-der-ueberfuehrer-ruderfaehre-von-der-point-zur-ueberfahrt
- Seeüberfahrt mit der Seenschifffahrt www.seenschifffahrt.de/tegernsee

Einkehr:

- Café im Stieler-Haus www.stielerhaus.de
- Restaurant im Leeberghof www.leeberghof.de
- Restaurant Malerwinkel www.seehotel-malerwinkel.de
- Herzogliches Bräustüberl www.braustuberl.de

Zuganfahrt:

Zug bis Tegernsee, Start von dort aus (plus 10 min Fußweg)

Variationen:

Verkürzen lässt sich die Runde durch Umkehren oder Rückfahrt mit dem Bus bzw. Schiff ab Rottach-Egern.
Verlängern kann man die Tour durch Start in Gmund oder Weiterwandern nach Enterrottach oder nach Weißach. Oder auch über die Berge im Osten, Riederstein (1.207 m) oder Baumgartenschneid (1.448 m).

Tipps:

- Museum Tegernseer Tal www.museumtegernseertal.de
- Olaf-Gulbransson-Museum www.olaf-gulbransson-museum.de
- See- und Warmbad Rottach-Egern www.tegernsee.com/a-see-und-warmbad-rottach-egern

Tourist-Info:

Hauptstraße 2
83684 Tegernsee
Tel.: 08022-927380
E-Mail: info@tegernsee.com
www.tegernsee.com

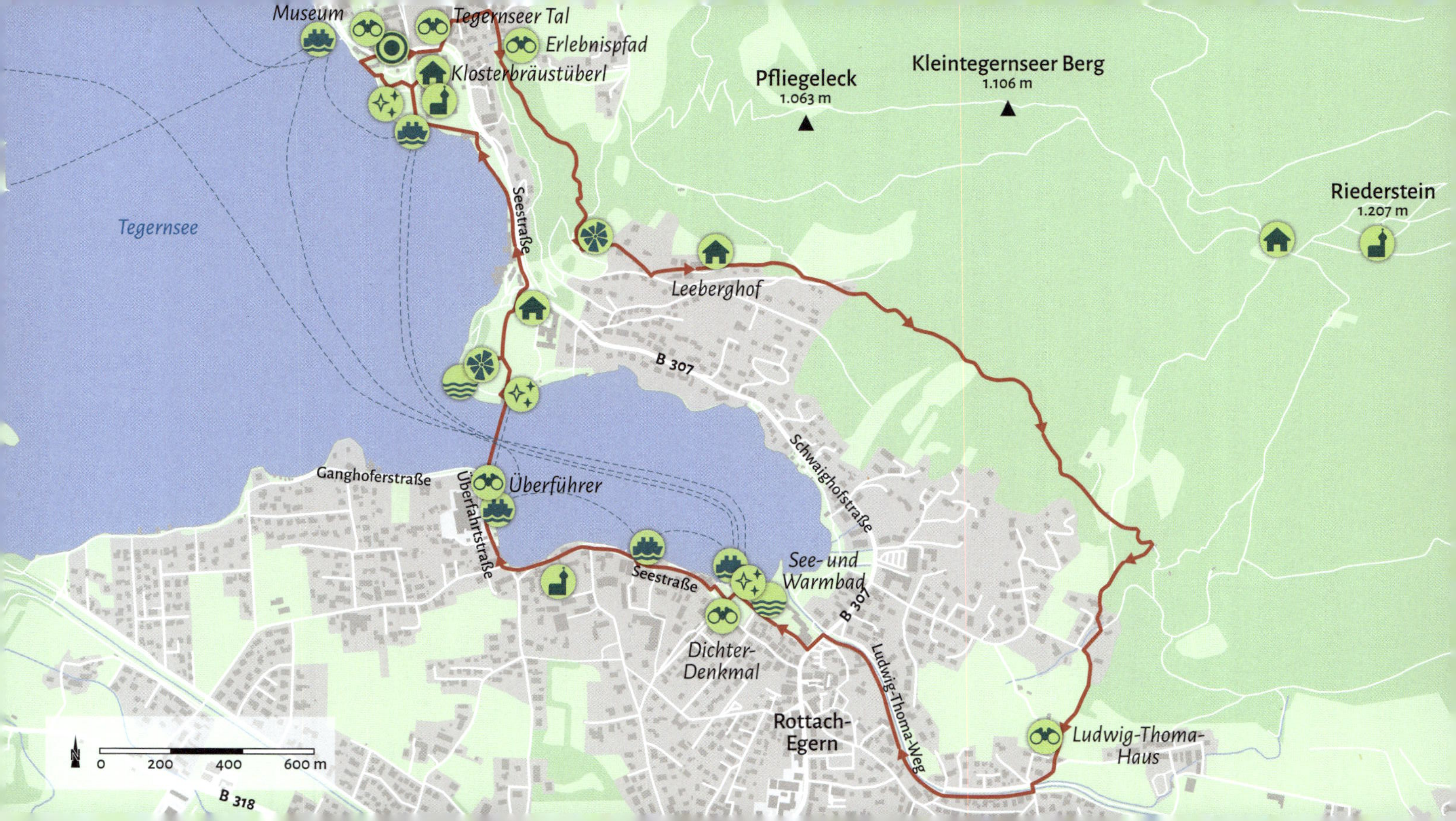

Museum
Tegernseer Tal
Erlebnispfad
Klosterbräustüberl
Pfliegeleck
1.063 m
Kleintegernseer Berg
1.106 m
Riederstein
1.207 m
Tegernsee
Seestraße
Leeberghof
B 307
Ganghoferstraße
Überführer
Überfahrtstraße
Schwaighofstraße
See- und
Warmbad
Seestraße
B 307
Dichter-
Denkmal
Rottach-
Egern
Ludwig-Thoma-Weg
Ludwig-Thoma-
Haus
0
200
400
600 m
B 318

Luja sog i
Vom Aloisius im Himmel

ab 6 Jahren

Frei nach einer Geschichte von Ludwig Thoma

Alois Hingerl war ein Dienstmann, wie man ihn heute nicht mehr kennt. Er brachte den Bahnreisenden das Gepäck zum Zug. Eher gemütlich war er bei seiner Arbeit unterwegs. Die Nummer 172 trug er und hatte seine rote Dienstmütze oft nach hinten über die stets von Schweißperlen bedeckte Stirn geschoben. Eines Tages jedenfalls erledigte er – entgegen seiner sonstigen Gewohnheiten – einen Auftrag mit solch einer Hast, dass ihn der Schlag traf und er tot umfiel.

Zwei Engerl kamen sofort angeflogen und hievten den Dienstmann mit größter Müh und Not in den Himmel hinauf. Dort wartete schon der heilige Petrus auf ihn und erklärte ihm die wichtigsten Gepflogenheiten des Paradieses: „Dein Name wird von jetzt an Engel Aloisius sein! Hier ist deine Wolke, auf der du sitzen wirst, und hier deine Harfe, mit der du den Herrn loben kannst."

Alois Hingerl stutzte, zuckte mit den Schultern und brummelte etwas von: „Ja mei, wenn's eich da herobn glücklich machd ..."

Petrus zog eine Augenbraue hoch und fuhr fort: „Der Tagesablauf ist wie folgt: 8 bis 12 Uhr frohlocken und von 12 bis abends 8 Uhr Hosianna singen!"

„Wos soi i?"

„Von 8 bis 12 Uhr frohlocken und von 12 bis abends 8 Uhr Hosianna singen!"

„Ja, und wann kriag i dann wos zum Dringa?"

„Na, na, mal nicht so eilig! Sie werden ihr Manna schon noch bekommen!", antwortete der heilige Petrus recht faad darauf.

„Ja, sauba!", brummte der Aloisius grimmig und schob seine Dienstmütze wie gewohnt nach hinten. „Da bin i sauba in wos neitretn! Des konn ja no richtig heiter werdn. I hob denkt, i bin im Paradies und etzad des. Frohlockn soi i, ja eam schaug o ..."

Mürrisch nahm er die Harfe zur Hand, strich grob darüber und fing an zu frohlocken: „Hallee-luja! Hallee-luja! Hallee-luja!"

Da fuhr ein „Roter Radler" an ihm vorbei, die irdische Konkurrenz der Dienstmänner, und wutentbrannt schmiss der Aloisius ihm seine Harfe an den Kopf: „Wos?! Seids etzad ihr a da herobn?! Is ma denn nirgends vo eich sicher?!"

Ein schauriger Klang und der Radler machte sich schleunigst aus dem Staub, oder anders gesagt, zwischen den Wolken davon.

Der Ton vom Engel Aloisius wurde derweil etwas rauher: „Halleeeeee-luja! Halleeeeee-luja! Halleeeeee-luja!"

Da schwebte ein völlig vergeistigter Engel an ihm vorbei.

„Hallo! Pst, hey, Sie da! Habns vielleicht an Schmaizla, an Schnupftabak? So a kloane Pris?" Doch der Engel sah ihn nur noch vergeistigter an und schwebte wortlos davon.

„Na, dann hobns hoid koan Schmaizla, Sie Engel, Sie boaniga, ausgschammda! Ja, wo samma denn do herobn: Frogd ma freindli und kriagd ned amoi a Antwort! Wo bin i denn do hikemma?! Do werd so a Zeigl herobn sei ..."

Und noch ein bisserl grantiger fing er wieder an zu frohlocken: „Halleeeeee-luja! Luja, sog i! Halleeeeee-luja! Zefix! Halleeeeee-luja!"

Er schrie so laut, dass schließlich der Herrgott von seinem Mittagsschlaf erwachte und fragte: „Was is denn da für ein Lümmel heroben?!"

Gott ließ sofort den heiligen Petrus rufen und beide lauschten dem Gesang des immer zündtiger werdenden Aloisius: „Halleeeeeeee-luja! Luja, zefix nomoi nei! Halleeeeeeee-luja! Sacklzement nomoi nei! Halleeeeeeeee-luja!"

Der heilige Petrus erblasste, flog umgehend zum Aloisius und ließ ihn von zwei Engeln vor den Herrgott bringen.

Der sah ihn strafend an und fragte: „Ja, sagen Sie einmal, warum plärren Sie denn da heroben so unanständig?"

Das ließ sich der Engel Aloisius nicht zweimal fragen: „Ja, wos glaubn denn Sie? Nur weil mir do im Himmi san, soit i frohlockn, singa wia a Zeiserl oder wos?! Und zum Dringa gibt's überhaupts nix! A Manna dat's gebn! A Manna, konnsd ma gstoin bleibm mit deim Manna!"

Der Aloisius geriet immer mehr in Rage.

Der Herrgott aber sagte nur: „O mei, ein Münchner! Mit dem können wir hier oben gar nichts anfangen. Aber, lieber Petrus, er könnte meine göttlichen Ratschläge zur Bayerischen Staatsregierung bringen! Dann käme er hin und wieder nach München und die liebe Seele hätte ihre Ruh!“

Das freute den Engel Aloisius ungemein. Und als er kurz darauf mit einem Brief in der Hand wieder hinunter nach München schwebte, da war ihm, als wäre er im Himmel.

Aus alter Gewohnheit ging er zuerst einmal ins Hofbräuhaus. Und als dort sein Stammplatz frei war, konnte er nicht anders, als sich eine Mass Bier zu bestellen ... und noch eine ... und noch eine ...

Tja, und da sitzt er noch immer – und so wartet die Bayerische Staatsregierung bis heute auf die göttliche Eingebung!

Das arme Rockadirl
Von der heldenhaften Tat des Überführers Marti

ab 4 Jahren

Dort, wo heute das Gourmet-Restaurant „Überfahrt“ steht, da gab es auch früher schon ein großes Wirtshaus. Die schönsten und prächtigsten Hochzeiten wurden dort gefeiert. Und so ist es schon viele hundert Jahre her, dass wieder einmal eine große Feier dort stattfand. Gegessen, getrunken und getanzt wurde, was das Zeug hergab. Der schneidigste Tänzer aber war der Überführer Marti mit seinem Dirndl, dem Mariedl. Die beiden tanzten, dass es eine wahre Freude war.

Auf einmal jedoch zogen schwarze Wolken über den See und verdunkelten schlagartig den Abendhimmel. Ein Sturm zog auf und schnell türmten sich die Wellen hoch auf dem See. Da hörte man von drüben eine Frauenstimme laut vernehmlich rufen: „Überführer! Hol über!“

Das Mariedl sah den Marti angstvoll an. Doch der ließ sich nicht davon abbringen, seinen Dienst zu tun und ans andere Ufer zu rudern. Schreckensbleich sah sie zu, wie er mit seinem Kahn in die Wellen ruderte.

Als er auf der anderen Seite angekommen war, stand da ein hässliches Frauenzimmer. Die Wallberghexe!, durchzuckte es ihn.

Doch er ließ sich nichts anmerken und sie in sein Boot steigen. Da fragte sie ihn, ob er bereit wäre, einem armen, unglück-

Für immer im Rottacher Kurpark vereint: Ludwig Thoma, Ludwig Ganghofer und Leo Slezak

lichen Mädchen zu helfen. „Ja, wenn i's konn!", antwortete der Marti, ohne viel zu überlegen. Im gleichen Moment legte sich der Sturm und aus der Wallberghexe wurde eine schöne Seejungfrau.

Sie erzählte ihm vom Rockadirl, dem Rockendirndl, einem Mädchen, das von seinen Eltern für einen Frevel in der Familie zur Sühne ins Koster hätte gehen sollen. Doch als man ihr die langen blonden Zöpfe hatte abschneiden wollen, sei die Arme lieber ins Wasser gesprungen. Und dort müsse sie nun an einem Spinnrocken Flachs spinnen, bis sie ein mutiger Jüngling erlöse.

„Was muas i macha, um ihr zum helfn?", fragte der Marti wild entschlossen. Auf einmal senkte sich sein Boot vornan ins Wasser. Nicht nur die Fluten brachen über ihn herein, sondern auch grausliges Gewürm und Ungeziefer, das er in die Flucht schlagen musste. Wilde Strudel versuchten, ihn in die Tiefe zu ziehen. Und dann fiel ein Ungeheuer über ihn her, gegen das er sich gerade noch mit letzter Kraft wehren konnte.

So gelangte er unten am Seegrund in einen hellen Saal, in dem das Rockadirl mit blutigen Fingern und traurigem Blick am Spinnrad saß. Der Marti zögerte nicht und schlug den Rocken entzwei, damit das Mädchen für immer erlöst sei.

Glücklich dankte sie ihm und die Seejungfrau gewährte ihm drei Wünsche, die sie ihm erfüllen wollte. Der Marti aber wünschte sich nichts anderes, als endlich sein Mariedl heiraten zu können, Gesundheit für seine Familie und ein Häuschen. Das befreite

Rockadirl aber schenkte ihm noch einen Beutel voller Gold obendrauf.

So fuhr der Marti zurück zur Hochzeitsfeier, als ob nichts gewesen wäre. Bald darauf fand er ein hübsches Haus am See und konnte dem Mariedl eine herrliche Hochzeit im Gasthof zur Überfahrt bereiten. Neben allen Verwandten und Freunden erschien auch eine lichtumwobene Gestalt zu ihrem Fest und brachte dem Brautpaar einen weiteren Beutel voller Gold als Geschenk. Es war das erlöste Rockadirl.

Das Tegernseer Pferdeei
Vom dreisten Schwindel eines Händlers

ab 3 Jahren

Frei nach einem Märchen von Alfons Schweiggert

Schon seit jeher wohnten im Tegernseer Tal die feinen Leute. Kein Wunder, dass es deshalb hier die buntesten Märkte weitum gab. Alles, aber auch wirklich alles konnte man dort kaufen. Drum war auch der Bauer Schorsch auf dem Markt in Tegernsee, um zu sehen, was es Neues gab.

Er schaute hierhin und schlenderte dorthin. Doch nichts fand er interessant genug, dass er es kaufen wollte. Da kam er zu einem Händler, der seltsame große, orangefarbene Dinger feilbot.

„Wos is denn des?“, wollte der Bauer Schorsch wissen.

Der Händler zog ihn beiseite und flüsterte: „Des?! Des san Pferdeeier! Nur heid, nur hier. Die kriagst sonst nirgendswo!“

Der Bauer Schorsch schüttelte den Kopf: „Wos soi des sei? A Pferdeei?! Ah, so a Schmarrn! Da hob i ja no nie wos davo ghert!“

„Eben drum, weil es si so seltn gibt“, gab der Händler ganz ernst darauf zurück. „Schaug her, des rostrote Ei zum Beispui, des werd amoi a Fuchs! Woasd scho, so a rostbraunes Pferd!“

Da stutzte der Bauer: „A fuchsfarbens Pferdl?! Ja, mei, des wollt i ja scho olwai hobn. Hm, wos soi denn des kostn?“

„Weisd des du bisd, gibst mir zehn Taler und guad is“, flüsterte der Händler wieder. „Für des Geld kriagst du sonst nie a richtigs Pferdl!“

„Do hosd recht“, antwortete der Bauer darauf. „Aba es is ja noch koans!“

„Ja, etzad kimmt des Allerbeste! Du lassd di ab heid vier Wocha vo deiner Frau bediena und brütst des Pferdeei selba aus!“

„Wos?! Wos soi i?! Des Ei selba ausbrütn? A geh weida, so a Bledsinn!“

„Na, wieso?! Du lassd dir a scheens Nest macha, setzt di eini und dei Frau bringt dir ois, wos du wuisd. Des is amoi a richtig guada Urlaub, mecht i sogn!“, zwinkerte ihm der Händler zu.

Da dachte der Bauer Schorsch kurz nach, gab sich schließlich einen Ruck und sagte: „Guad! Recht hosd. Dann gib ma des große fuchsrote Ei! Da hosd des Geld!“

Und mit seinem „Pferdeei“ unter dem Arm ging der Bauer Schorsch stolz davon.

Nun ja, ein Pferdeei, gibt es das überhaupt? Ihr wisst sicherlich, dass das nur ein Schwindel des Händlers war. Aber ahnt ihr auch schon, was der Bauer da in Wirklichkeit gekauft hat?! – Ja, richtig! Einen Kürbis! Ohje, ohje, da wird wohl noch so manche Überraschung auf uns warten ...

Der Bauer Schorsch kam erst einmal überglücklich nach Hause und erzählte seiner Frau von seinem günstigen Kauf.

„Wos soi des sei? A Pferdeei?! So a Schmarrn!“, antwortete die jedoch nur kurz und ließ ein Lachen erklingen, das fast wie Pferdewiehern klang.

Da wurde der Bauer ganz grantig: „Red ned so bled. Mach mir liaba a Nest im Schlafzimmer und bring mir wos zum Dringa!“

Kurze Zeit später hockte der Bauer Schorsch schon mächtig stolz auf seinem aus Heu geformten Nest, als würde er auf einem Thron sitzen. Unter sich das vermeintliche Pferdeei ...

Die ersten Stunden vergingen wie im Flug, doch dann rief er laut nach seiner Frau.

Mit hochrotem Kopf kam diese angerannt: „Rührd si scho wos?“

„Na, konn ja no gar ned sei. Brauchd ja vier Wocha! Aber i muaß amoi zum Biesln. Hoit du in dera Zeit des Ei schee warm!“

So kam es, dass von nun an der Bauer stundenlang auf dem Kürbis saß und seine Frau nur zur kurzen Vertretung bei unaufschiebbaren Pausen das Brüten übernehmen durfte. Die erste

Woche verging recht schnell, die zweite war schon zäher. Die dritte war ganz furchtbar, weil es sakrisch heiß war und sich das Schlafzimmer übel aufheizte. Die vierte Woche aber wollte gar nicht mehr vergehen und so war der Bauer Schorsch mächtig froh, als die Zeit endlich rum war und das Pferdchen schlüpfen sollte.

Feierlich hob er das Ei aus dem Nest. Er hielt es zwischen sich und seine Frau und schüttelte es leicht.

„Herd ma schon wos?“, fragte sie flüsternd.

„Hm, eher ned“, brummte er und schüttelte fester. „Des konn doch ned sei. Des Pferdal muas doch etzad fertig sei ... Na, vielleicht konn's ned schlüpfn?!“

Und mit diesen Worten packte er das orangerote Ding und trug es zum Misthaufen vorm Hof. Dort lag ein großer Stein und auf den warf der Bauer den Kürbis mit aller Wucht.

Jetzt weiß ich nicht, ob ihr eine Ahnung habt, was mit einem Kürbis passiert, wenn man ihn wochenlang bebrütet. Ja, genau, er wird innen total matschig und faulig!

Und als der Bauer nun den Kürbis auf den Stein gehauen hat, ist der in hunderttausend greislige Stücke zersprungen, sodass sich die Bauersleute die Hände vors Gesicht halten mussten.

Zur gleichen Zeit aber hatte sich ein Fuchs an dem Misthaufen zu schaffen gemacht und war erschreckt davongesprungen, als ihm die Kürbisstückchen nur so um die flauschigen Ohren flogen. Und jetzt kommt's: Als ihn der Bauer entdeckte, meinte der natürlich sogleich, dass dies SEIN Füchschen sei, das er so lange ausgebrütet habe. Etwas klein geraten zwar, aber immerhin die Frucht seines Pferdeeis. Und so kam es, dass der Bauer dem Fuchs hinterherlief und ihn einfangen wollte: „Hoit, bleib steh! Du ghersd mir! Du bisd mei Fuchsal!“

Der Fuchs aber lief so schnell er konnte in den Wald hinein und ließ sich auf diesem Bauernhof nie wieder blicken.

Ihr aber wisst jetzt Bescheid, falls euch irgendwer einmal ein Pferdeei andrehen möchte: Pferdeeier, nein, die gibt es beim besten Willen nicht!

Schwarzentennalm – Buchsteinhütte

13

In der Welt des wallenden Wassers

4 h Gehzeit
12,4 km Länge
435 hm mittel

Eintauchen in eine Märchenwelt: die Kreuther Klamm

Der Magie des Wassers kann sich bei dieser Runde niemand entziehen. Denn der Weg durch die Klamm in Kreuth ist ein buchstäblich berauschendes Erlebnis. Besonders nach ergiebigen Regentagen springen kleine Bäche von allen Seiten ins Tal und lassen den Schwarzenbach zu einem tosenden kleinen Fluss anwachsen. Ein Abenteuer für Klein und Groß – das mit den beiden Bergwirtschaften, der Schwarzentennalm und der Buchsteinhütte, auch noch zwei weitere Höhepunkte findet.

Berggipfel hingegen sieht man hier eher von unten. Die Genüsse der Tour liegen diesmal weniger in der Weite als in der Wunderwelt der Klamm. Davon ist noch kaum etwas zu erleben, wenn wir am ► *Parkplatz Klamm/Winterstube* im Gemeindegebiet Kreuth (Richtung Achenpass) das Auto abstellen. Eher gemütlich plätschert der Schwarzenbach hier durch den Wildholzrechen, der

Hier rauscht und plätschert und rinnt es von allen Seiten des Schwarzenbachs herab.

Überflutungen durch angeschwemmtes Holz verhindern soll. Mehr dazu verrät die erste Station des ▶ *Erlebnispfades*, auf dem das Bayerische Landesamt für Umwelt im unteren Teil unserer Wanderung immer wieder für interessante Blickwinkel auf Bäche, Böden und Bäume sorgt.

Von Beginn an sind hier übrigens alle Wanderwege bestens ausgeschildert. Wir folgen den ▶ *gelben Wegweisern Richtung Schwarzentennalm in Richtung Nordwesten* auf einem breiten ▶ *Forstweg*. Nach ca. 400 Metern ▶ *zweigt links* gut erkennbar der ▶ *Klammweg* ab, der über eine kleine Brücke auf die westliche Seite des Schwarzenbachs und damit in ein anregendes ▶ *Reich der Wasserspiele führt*. Als hätte jemand den Lautstärkeregler nach oben gedreht, füllen sich nun unsere Ohren mit den Geräuschen von tröpfelndem, sprudelndem, schäumendem und wallendem Wasser. Von den Berghängen rechts und links gesellen sich kleine Zuflüsse zum Schwarzenbach, die bei Trockenheit versiegen, bei reichlich Niederschlägen jedoch kräftig anwachsen und auch mal den Weg unter Wasser setzen können.

Dies tut der Faszination dieses Pfades jedoch keinen Abbruch, im Gegenteil. Denn durch die Feuchtigkeit sind die Felsen in der Klamm mit Moos bewachsen, manche auch mit rosa Flechten, was das Farbenspiel der verschiedenen Jahreszeiten fröhlich verstärkt. Auch manche Bäume sind in flauschige Mäntel aus Moos eingepackt und wirken wie verwunschene Gesellen. Dazwischen finden sich drollige Felsen und bizarres Wurzelwerk, sodass man bald den Eindruck gewinnt, in einem Zwergenreich unterwegs zu sein. Der Weg steigt stetig sanft bergan und lockt nach jeder kleinen Biegung mit einem neuen Arrangement aus Felsen, Gestein, Baumstämmen und Moos in allen Varianten, vom kleinen Mützerl bis zum ausladenden Teppich ...

Geschickt installierte Metallrahmen verleihen den unterschiedlichen Blickrichtungen eine besondere Note, ob auf den Leonhardstein im Osten oder auf den Bachlauf selbst. Man kann gar nicht anders, als immer wieder zu verweilen, und die Kompositionen aus Farnen, Gehölzen und Bachufern zu bewundern. Bald fühlt man sich ebenfalls völlig durchdrungen von der impulsiven Energie des zu Tal fließenden Wassers und dem unaufhörlichen Rauschen in den Ohren.

Seinen markanten Abschluss findet der Klammweg schließlich bei einem meterhohen ▶ ***Wasserfall***, der in wenigen Schritten abseits erreicht ist. Kurz darauf treffen wir auch auf den ▶ ***Scheitelpunkt des Erlebnispfades*** und lassen uns von einem alten, dunkelgrünen Holzschild zur ▶ ***Schwarzentennalm*** (1.020 m) leiten. Das Gelände öffnet sich nun. Etwa 600 Meter zieht sich die ▶ ***Forststraße*** durch ein Latschenfeld auf der rechten und sumpfiges Gelände auf der

Willkommen im Reich der Zwerge und Trolle!

linken Seite, bis wir die Almwiese rund um die Hütte erreicht haben. Hier kann man sich köstlich stärken, um dann noch einmal einen weiteren Anstieg in Richtung Roß- und Buchstein zu starten.

Wem die bisherige Anstrengung schon gereicht hat, der kann sich natürlich auch von hier aus schon auf den Rückweg machen. Zur Abwechslung sei dabei der Forstweg auf der östlichen Seite des Schwarzenbachs empfohlen, an dem noch weitere Stationen des Bodenerlebnispfades für anregende Überraschungen sorgen.

Die Buchsteinhütte als Ziel, schwingen wir uns jedoch erst noch einmal zu weiteren Höhen auf. ► ***Kurz geht es auf der Forststraße zurück***, bis der ► ***Wegweiser uns nach Westen*** schickt. Ein kleiner ► ***steiniger Steig*** zweigt hier gleich vom Forstweg ab und verkürzt die Kehren der Straße, die wir dann zweimal überschreiten. Beim dritten Aufeinandertreffen führt kein Pfad mehr weiter, sodass wir auf der ► ***Kiesstraße*** gemäß der ► ***Beschilderung zur Buchsteinhütte*** weitergehen. Schon nach etwa 20 Minuten öffnet sich der Berghang vor uns und Roß- und Buchstein kommen in den Blick. Wie ein Schwalbennest hängt dazwischen die Tutzinger Hütte (1.650 m) mit weitreichenden Ausblicken in die Alpen. Wer noch genügend Kraft in den Beinen spürt und ausreichend Zeit hat, kann diesen weiteren, allerdings anspruchsvollen Aufstieg wagen. Für alle anderen ist zehn Minuten später schon die ► ***Buchsteinhütte*** (1.260 m) das ersehnte Ziel und mit ihr ein zünftiger Biergarten.

Um den ► ***Rückweg*** etwas gemütlicher und trittsicher zu gestalten, empfiehlt sich nun die

Vielfältige Stationen laden ein zu einem neuen Blick auf die Natur.

Ein Wasserfall krönt den Scheitelpunkt des Klammwegs.

▸ *Forststraße*. Mit ihrem breiteren Weg bietet sie auch luftigere Ausblicke in die verschiedenen Richtungen. Erst jetzt fällt uns auf, was uns im Vergleich zum ersten Teil des Aufstieges fehlt: das Tosen des Wassers!

Ziemlich still ist es hier oben – außer man ist an einem der strahlend schönen Wochenendtage mit vielen anderen Erholungssuchenden unterwegs. An regnerischen Tagen unter der Woche kann man sich gut vorstellen, dass sich früher kaum jemand in die Winkel dieser Klamm verirrt hat. Mal abgesehen von Wilderern oder Botanikern! Und von diesen handeln unsere Sagen: eine heiter-deftige von der Karolin von der Schwarzentennalm samt ihrem Wuidara-Gspusi und eine märchenhaft-schöne von der stolzen Tochter des Kreuther Bergkönigs **Geschichten S. 170 und S. 168**.

Wem es zum Schmökern nach einer passenden Pause gelüstet, der kann es sich auf den Bänken der Erlebnispfad-Station 7 noch einmal bequem machen. Von hier aus führen sowohl die ▸ *Forststraße als auch der Klammweg* in einer knappen Stunde ▸ *zurück ins Tal* – begleitet von fantastischen Blicken auf die Klamm und vom unaufhörlichen Rauschen des Schwarzenbachs.

Schwarzentennalm – Buchsteinhütte

4 h Gehzeit | 12,4 km Länge | 435 hm | mittel

Ausgangspunkt in 83708 Kreuth:

Parkplatz Klamm/Winterstube

Weg:

Ganzjährig möglich, schattig. Steinige und wurzelige Abschnitte, die bei Regen etwas rutschig sein können.
Sehr gut mit gelben Schildern ausgewiesen.

Besonderheiten:

- Klammweg mit Felsgestein und unzähligen Zuflüssen
- Bodenerlebnispfad www.tegernsee.com/bodenerlebnispfad
- Naturrodelbahn im Winter

Einkehr:

- Schwarzentennalm www.tegernsee.com/a-schwarzentenn-alm
- Buchsteinhütte www.buchsteinhuette.com
- Gastronomie Kreuth

Zuganfahrt:

Zug nach Tegernsee, Bus nach Pertisau Karwendellift (Österreich), Ausstieg „Klamm, Kreuth“

Variationen:

Verkürzen lässt sich die Runde auf den Klammweg rauf und den Forstweg runter.
Verlängern über den Roß- (1.689 m) und Buchstein (1.701), über die Tegernseer Hütte (1.650 m); als Abstieg ist auch ein südlicher Rundweg möglich, der an der Weißach zurückführt, sowie eine Bergtour über den Leonhardstein (1.449 m) und weitere Gipfel.

Tipps:

- Wildbad Kreuth (ehemaliges Kurbad, bis 2016 als Bildungszentrum der Hanns-Seidel-Stiftung genutzt, Anfahrt über Bundesstraße 307)
- Warmfreibad Kreuth www.tegernsee.com/a-warmfreibad-kreuth
- Gasthaus Altes Bad www.altesbad.de
- Gasthof Batznhäusl www.gasthof-batznhaeusl-kreuth.de

Tourist-Info:

Nördliche Hauptstraße 3
83708 Kreuth
Tel.: 08029-9979083
E-Mail: kreuth@tegernsee.com
www.tegernsee.com

Silbereck
1.305 m
Schwarzentennalm
Filzenkogel
1.444 m
Hinterer Humpelgraben
Schwarzenbach
chsteinhütte
uchstein
1.701 m
Kreuther Klammweg
Friedbergkopf
1.406 m
Bodenerlebnispfad
Schwarzenbach
B 307
Weißach
0
200
400
600 m

Des Blümchens größtes Glück
Von der stolzen Tochter des Bergkönigs

ab 4 Jahren

Schön war sie, wie alle Prinzessinnen es sind, die Tochter des Bergkönigs aus Kreuth. Schön, aber leider sehr stolz. Zu stolz, um genau zu sein. Wobei an dieser Stelle einmal erwähnt sein darf, dass die „schönen Königstöchter" nicht etwa alle Model-Maße und -Gesichter hatten. Oh nein, sie sahen aus wie du und ich. Aber da sie ja eben Königstöchter waren, hatten sie die besten Voraussetzungen für ein gutes, glückliches Leben. Darum nannte man sie eben „schön".

Jedenfalls war das Herz dieser Königstochter alles andere als schön. Sie hatte keinen Sinn für die Besonderheiten des Lebens. Nichts war ihr gut genug. Nichts schien ihr ein dankendes Wort wert. Und als die ersten Verehrer kamen und um ihre Hand anhalten wollten, da zeigte sich ihre Hochnäsigkeit mit ganzer Härte. Der eine war ihr zu dick, der andere zu dünn. Der eine Mann zu groß, der nächste zu klein. Der eine hatte einen zu langen Bart, der andere einen zu kurzen ... Und so ging es dahin. Ihr wollte einfach keiner genügen!

Ihr Vater sah sich das einige Wochen und Monate an, versuchte sie zu mehr Freundlichkeit und Offenheit zu bewegen. Doch als er merkte, dass seine Mühen vergeblich waren, riss auch ihm der Geduldsfaden: „Wenn dir gar niemand genug ist, dann wollen wir doch mal sehen, wie es dir ergeht, wenn DU keinem genug bist!"

Mit diesen harten Worten verwandelte er sie in ein unscheinbares Blümchen und pflanzte sie hinter dem Leonhardstein in ein düsteres Tal. Erst wenn ein Mann käme, der sie über alles liebte, dann sollte sie ihre menschliche Gestalt wiederbekommen. Aber wie um alles in der Welt sollte denn in diesen dunklen Winkel des Waldes ein Mann kommen?! Und dann noch einer, der sie über alles liebte? Als Blume?

Von Tag zu Tag sank das Köpfchen der Königstochter immer tiefer hinab. Was hätte sie nun dafür gegeben, wieder ihre eigentliche Gestalt zu haben. Nun erst sah sie all die Schönheit um sich herum: die Bäume in ihrem schattigen Grün, die Bächlein, in denen sich die Sonnenstrahlen wie Sternchen spiegelten, und die vielen Vögel, die die fröhlichsten Lieder zu singen wussten ...

Eines Tages jedoch kam tatsächlich jemand in das finstere Tal: Ein junger Mann, ein Pflanzenkenner, war mit Lupe und Buch unterwegs, um alles aufzuschreiben, was er fand. Da fiel sein Blick auf die kleine blaue Blume, deren Köpfchen schon fast auf der Erde lag. „Ja, was bist du denn für eine Schönheit?“, murmelte er vor sich hin. „So ein Blümchen wie dich habe ich ja noch nirgends gesehen.“

Vorsichtig untersuchte er ihre Blätter und ihr Blütenhaupt. Doch er konnte sie in seinem Buch nirgends finden. „So schön und so fremd. Ich werde dich mitnehmen und in meinem Studierzimmer aufbewahren“, sagte er zu ihr. Er grub das Pflänzchen aus und trug es mit sich nach Hause. Dort bekam es einen kleinen Topf und einen hellen Platz. Jeden Tag schaute er nach ihm.

Doch das Blümchen streckte nicht etwa seinen Kopf mehr und mehr hinauf, sondern schien immer noch lebloser und blasser zu werden. Sorgenvoll schüttelte der junge Mann sein Haupt und überlegte: „Vielleicht hab ich gar das Falsche getan und du brauchst den Wald und den Schatten dort, damit du leben kannst“, grübelte er. „Wie schade! So gerne hätte ich dich bei mir behalten. Aber das ist für dich nicht das Richtige. Hinaus in die Natur musst du, damit du leben kannst. Und das ist mir wichtiger als mein Vergnügen an dir!“

Damit schnappte er sich das Töpfchen, fuhr wieder nach Kreuth hinaus und brachte die Blume zurück in den Wald und in das Tal, wo er sie gefunden hatte.

Sorgfältig grub er sie wieder ein und nahm sich sogar ein Zimmer im Ort, damit er sie die nächsten Tage besuchen und ihre Genesung beobachten konnte. Als er am dritten Tag nach ihr sehen wollte, war sie jedoch verschwunden. Stattdessen sah er eine junge Frau in blauem Kleid auf einem Baumstamm sitzen.

Zögernd fragte er: „Entschuldige, aber kannst du mir helfen? Ich suche ein blaues Blümchen, das hier gewachsen ist. Ich kann es nicht mehr finden und es lag mir doch so sehr am Herzen!“

Da sah ihn das Mädchen glücklich an und sagte: „Ich, ich bin das Blümchen. Du hast mich mit deiner Liebe erlöst!“

Und dann erzählte sie ihm ihre Geschichte. Da wurde auch er ganz vergnügt und die beiden freuten sich noch mehr aneinander. So kam es, dass sie heirateten, Kinder bekamen und sehr zufrieden miteinander lebten. Vor allem aber liebten die beiden die Natur und die Berge über alles und hatten einen besonderen Blick für all das Kleine, Unscheinbare und Schöne, das viele andere am Wegesrand oder auch in ihrem Leben so oft übersehen.

Des Wilderers größtes Glück
Vom Schmalzsepp und der Karolin von der Schwarzentennalm

ab 6 Jahren

Frei nach einer Geschichte von Arthur Achleitner

Beim Wildern hatten sie ihn erwischt, den Schmalzsepp, und gleich in Tegernsee ins Gefängnis gesteckt. Nach Monaten kam er endlich wieder frei und ließ sich sogleich über den See rudern, um nach Kreuth zu seiner Liebsten zu gelangen, zur Karolin auf der Schwarzentennalm. Doch wie's der Teufel so will, kam er dabei am Versteck seiner zweiten Geliebten vorbei, seiner Büchs. Unter einem Stein hatte er den Abschraubstutzen gut eingewickelt versteckt. Da musste der Sepp doch kurz nachschauen, ob noch alles in Ordnung war, oder?!

Als er ihn nun so in Händen hielt und hierhin und dorthin schwenkte, trat doch glatt ein Gamsbock auf der gegenüberliegenden Talseite aus dem Geäst. Und noch bevor der Sepp richtig überlegt hatte, krachte es schon und den Bock zwirbelte es vom Felsen – und den königlichen Jäger nicht weit davon entfernt fast gleich mit vom Hochstand!

Aus dem Augenwinkel sah der Sepp die Bewegung und erstarrte. Er robbte unter ein paar Latschen, ließ den Abschraubstutzen in seinem Versteck verschwinden und wusste, dass er sich nun bis zur Dunkelheit nicht bewegen durfte, wenn er nicht gleich wieder ins Gefängnis einmarschieren wollte.

Die Nacht kam, der Sepp kroch heraus und suchte sich im Dunkeln den Gamsbock. Schnell war das Tier aufgebrochen und über die Schultern gelegt. Und schon ging's zur Schwarzentennalm, denn der Stall hinten war ein perfektes Versteck für das Wild.

Freudestrahlend klopfte er schließlich an der Vordertüre an und welch ein Halsen, welch ein Küssen, als ihn die Karolin endlich wiederhatte! Doch dann entdeckte sie den Schweiß, also das Blut der Gams, am Hemdkragen vom Sepp. Und ein Donnerwetter brach über den Wilderer herein, dass er fast lieber wieder dem Richter von Tegernsee gegenübergestanden hätte, der so viel gnädiger mit ihm umgegangen war. Aber die Karolin ließ kein gutes Haar an ihm!

Ob er denn überhaupt nix in seinem Schädel hätte?! Ob er denn gleich wieder ins „Häusl" rein wolle, wo er doch noch nicht mal einen Tag wieder draußen wär?! Ob er so gar keinen Anstand hätt, der Sepp, so ein Loder, ein sakrischer?! Und dabei schluchzte die Karolin und dicke Tränen kullerten ihr über die Wangen ...

Bevor der Sepp auch nur irgendwas antworten konnte, klopfte es an der Tür. Beide starrten sich entsetzt an, dann bedeutete ihm die Karolin stumm, dass er unter ihr Bett kriechen und ja ganz still sein solle. Sie schloss die Tür zur Schlafkammer, doch ging diese unbemerkt einen Spalt wieder auf.

Derweil öffnete die Karolin vorn die Stubentür. Der Jäger stand draußen, mitsamt seinem Dackel, der ohne lange zu fragen, gleich ins Haus sauste.

„Was wuist so spat no?", fragte die Karolin kurz angebunden.

„Hosd Bsuach?", gab der Jäger zurück.

„Na, des ned. Aba i woit grad ins Bett gehn", sagte die Sennerin.

„Sowos, des hod si aba ganz anders ogherd! Ois ob du wen gschimpfd hädst", antwortete der Jäger.

„Ah, geh weida. Hob hoid mid mir selba gred."

„Na, dann geh du weida, schenk ma no an Schnaps ei. Oana gehd olwai!"

Mürrisch ließ die Karolin den Jäger in die Stube und kramte den Schnaps heraus. Der Dackel wurde in der Zwischenzeit fündig und fing laut vor dem Bett der Sennerin zum Bellen an.

„Geh weida, Hunderl, lass den Sepp da unterm Bett in Ruah", brummte der Jäger nur – und die Karolin ließ vor lauter Schreck den Schnaps fallen.

„Mei, des is ja etzad richtig schad drum", sagte der Jäger und fügte an: „Und du, Sepp, kimm endli aus dem Schlafkammerl aussi. I woas doch scho lang, dassd da bist!"

Kreidebleich kam der Sepp in die Stube und blieb schuldbewusst vor dem Jäger stehen. Die Karolin fing vor lauter Angst und Sorge gleich wieder zum Weinen an.

Doch der Jäger sagte nur: „Brauchst ned woana, Karolin. Des kriang mir scho hi. Oiso Sepp, etzad her mir amoi ganz guad zua. I woas ja, dass du des Schiassn ned lassn konnst. Aba mid dem Aufbrecha vom Wuid, da muasd no übn. Schaug amoi dei Hemad o, des is ja volla Schwoas!"

Die Karolin fing noch lauter zu schluchzen an.

„Etzad sei amoi staad", brummte der Jäger. „I wui nämlich den Sepp fragn, ob er ned ois Jagdghuif arbeitn mecht. Mir brachadn a bisserl Unterstützung. Und schiassn konn a, des hob i heid wieda gseng!"

„Ois Ghuif vo de Jager arbeitn?", der Sepp war fast sprachlos. „Und de Straf für heid?"

„Des wissn ja nur mir drei. Des lass ma foin, wenn du mir versprichsd, vo heid o nimma zum Wuidarn zum geh und nur no für uns Jaga arbeitsd! Versprichsd mir des?!"

Und wie ihm der Sepp das versprach, war er doch überglücklich seine Leidenschaft zum Beruf machen zu können – und ohne Strafe davonzukommen.

Am Ende kochte die Karolin noch mitten in der Nacht für die beiden einen süßen Schmarrn mit reichlich viel Schmalz drin, die Lieblingsspeise vom Sepp, weshalb er von allen – auch künftig als Jagdknecht – nur immer der Schmalzsepp genannt wurde.

Josefstaler Wasserfälle und Spitzingsee 14

Tanzende Wasser und treffliche Wünsche

4 h Gehzeit
12 km Länge
405 hm mittel

Ein spritziges Vergnügen bieten die zahlreichen Josefstaler Wasserfälle.

Wen der Jachenauer Wasserfall mit seiner besonderen Magie begeistert hat (siehe Tour S. 97), dem sei gleich noch ein zweiter empfohlen: der Josefstaler Wasserfall. Er ist mehrstufig und zieht sich über rund 300 Meter am Wegesrand entlang. Mit jedem Schritt lässt er uns die belebende Wirkung der kleinen Wassertröpfchen spüren, die in der Luft umherwirbeln und alles in der Umgebung in frische Feuchtigkeit hüllen. Und weil das Wasser beim Fallen Energie freigibt, hat diese Runde von Neuhaus zum Spitzingsee eine ganz besonders anregende Wirkung.

Wer möchte, kann versuchen, direkt am südlichen Ende der Josefstaler Straße einen der wenigen Parkplätze vor den Wasserfällen zu ergattern. Wer aber ohnehin die gesamte Runde inklusive des Bockerlbahnweges gehen will, der kann entspannt ▸ ***am Kurpark an der Breitensteinstraße*** sein Auto abstellen und die etwa

1,5 Kilometer Gehweg neben der Josefstaler Straße ► ***gen Süden wandern*** – stets mit herrlichem Blick auf die vor ihm liegenden Bergwände und auf hübsche Häuser mit bunten Gärten rechts und links.

Schließlich empfängt uns der ► ***Hachelbach auf der linken Seite*** und lotst uns zu den nun ► ***gut ausgeschilderten Wasserfällen***. Kurz geht es ► ***über die Brücke nach links***, dann ca. ► ***30 Meter später rechts am Gartenzaun der letzten Häuser*** entlang in den Wald hinein. Immer dem Plätschern nach und bald springt der Hachelbach wieder munter an uns vorbei. Wir folgen ihm ► ***bachaufwärts*** in einen Waldgraben, in dem allmählich das Rauschen immer stärker wird. Eine Biegung noch und schon haben wir unser erstes Ziel erreicht: den größten der Josefstaler Wasserfälle, der in zwei Bahnen vom Felsen herabfällt. Je nach Sonnenlicht wirkt dieser Platz regelrecht mystisch, wie aus einer anderen Welt, und es lohnt sich, hier einen Moment zu verweilen ...

Das Rauschen klingt uns noch länger in den Ohren, denn unser weiterer Weg führt uns immer den ► ***Schildern nach Richtung „Stockeralm" und „Spitzingsee"*** den Bachlauf fröhlich empor. Meter für Meter erklimmen wir weitere kleinere Wasserfälle. Ein anmutiges Postkartenmotiv nach dem anderen bietet sich uns. Vor allem aber ist es diese belebende Kraft des über die Felsbrocken tanzenden Wassers, die uns in ihren Bann zieht.

Rund zehn Minuten später haben wir schon ► ***die Alm darüber*** erreicht und blinzeln nach dem dunklen Blätterdach unvermutet ins helle Sonnenlicht. Ein neuerlicher wundervoller Platz, um vor einer hölzernen Brücke ein klein wenig innezuhalten und dort auf einem Stein zu rasten, bevor es weiter ► ***in südlicher Richtung bergauf*** geht. 70 Höhenmeter und eine Viertelstunde später taucht vor uns die ► ***Stockeralm*** als nächstes Fotomotiv auf. Hinter ihr ragt der Jägerkamp auf, ihr gegenüber die Brecherspitz. Wir schlängeln uns durch die Talsohle weiter ► ***hinauf Richtung Spitzingsattel***. Dazu passieren wir die strahlend weiße Almhütte auf der südlichen Seite, überqueren wieder einmal den Hachelbach und folgen nun dem mit Info-Tafeln ausgeschilderten ► ***Bockerlbahnweg***, der sich bis zur Waitzinger Alm erstreckt und damit eine hübsche Erweiterung unserer vorgestellten Runde anbietet.

Zuerst einmal geht es jedoch ► ***die alte Spitzingstraße hinauf***, der Bach verliert sich rechts unterhalb. Eine vor uns liegende ► ***Kreu-***

Im Sommer ein Eldorado für Badefreunde, im Winter für Schlittschuhläufer: der Spitzingsee

zung von zwei Forstwegen überqueren wir geradeaus und folgen der ▶ ***Kehre nach links***, bevor uns die ▶ ***Beschilderung rechts hinauf*** zum Spitzingsattel führt.

Zweimal geht es nun ▶ ***kurz an der Teerstraße*** entlang, am Brotzeitstüberl vorbei (oder auch hinein), bis neben dem Stümpflingweg ▶ ***eine Treppe zu unserem Pfad zum Spitzingsee*** hinabführt. Schon nach fünf Minuten stößt dieser Treppenpfad auf den Seeweg und es bleibt nun einem jeden selbst überlassen, in welcher Richtung er den ▶ ***Spitzingsee umrunden*** will. Je nach Uhrzeit und Wetter

Am gemütlich gluckernden Oberlauf der Wasserfälle lässt es sich herrlich rasten.

bieten sich beide Richtungen an. Die gut drei Kilometer sind in einer knappen Stunde leicht erwandert und führen durch luftige Laubwälder, idyllische Schilfgürtel und frisch gemähte Badewiesen.

Zahlreiche Gasthäuser oder Almen laden hier zum Pausieren ein und schenken vielfache Ausblicke auf die prachtvolle Bergwelt des Mangfallgebirges ringsum. Im Sommer stellt auch ein Bootsverleih seine Gefährte zur Verfügung, mit denen sich die vielen heimeligen Buchten des 28 Hektar großen Bergsees von der Wasserseite aus erkunden lassen.

Ein Geheimtipp ist außerdem die trutzige ▸ ***St.-Bernhard-Kirche***, deren Mauern aus Feldsteinen einen eher düsteren Eindruck machen. Doch welche Überraschung erwartet den Besucher im Innenraum! Die Gestaltung ist hell, luftig und von floralen Mustern geprägt und lädt zur Andacht ein. Genauso bemerkenswert ist die Geschichte dieses Gotteshauses: 1930 hatte der Schlierseer Pfarrer die Idee für diesen Bau, um den bergbegeisterten Besuchern hier oben einen Ort der spirituellen Einkehr zu bieten. Doch in der Zeit des Nationalsozialismus hätte der Kirchenbau zweimal fast ein frühes Ende gefunden. Zum einen durfte das Gotteshaus nur mit Baumaterialien aus der unmittelbaren Umgebung errichtet werden und zum anderen wollte man es 1942 für den Bau eines Staudammes am Spitzingsee fluten lassen. All diesen Hindernissen zum Trotz steht die Kirche heute jedoch immer noch am südöstlichen Rand des Spitzingsees und wacht mit ihrem Schutzpatron, dem heiligen Bernhard, über die vielen Naturfreunde.

Wem nach der Runde um den See inzwischen die Fußsohlen brennen, der kann natürlich auch mit dem Bus von hier aus wieder zurück nach Schliersee-Neuhaus fahren. Für alle immer noch Wanderlustigen nehmen wir jetzt erst einmal ▶ *wieder den Treppenpfad hinauf zum Spitzingsattel* und dann den ▶ *bekannten Weg wieder hinunter*. Allerdings nur vorerst. Wenn wir wieder auf dem Forstweg sind, der seine Kehre erst nach links, dann nach rechts zieht, biegen wir an der jetzt folgenden ▶ *Kreuzung der Forstwege nach links ab, also nach Nordnordwest*. Erst bleibt der Weg unter dem schützenden Blätterdach des Waldes, öffnet sich dann zu den Weiden der ▶ *Stockeralm* und zu einem weiten Blick ins Schlierseer Tal hin. Nun treffen wir aus südwestlicher Richtung wieder auf das Berghütterl und bleiben auch auf dieser Seite, indem wir den ausgeschilderten ▶ *Bockerlbahnweg nach „Neuhaus“* nehmen.

Mit einem Aufstieg zur Brecherspitz hinter der Stockeralm wird die kleine Runde zur großen Bergtour.

Zahlreiche Infotafeln erzählen hier die Geschichte der bayerischen Waldbahn, die von

1920 bis 1927 fast 300.000 Festmeter Sturmholz ins Tal gebracht hat. 1919 hatten vier verheerende Föhnstürme so viele Bäume umgeworfen, dass es sich lohnte zum Abtransport diese Bahn einzurichten. Heute sind noch wenige Überbleibsel der einstigen Strecke samt Bremsbergen und Spitzkehren erhalten, doch lässt es sich auf den inzwischen überwachsenen Gleiswegen wunderbar wandeln.

Buchstäblich über Stock und Stein geht es dahin, bis wir den ▸ ***Waldrand oberhalb der Wasserfälle*** erreichen. Hier stand einst der Bahnhof der Stockeralm und wer noch einmal rasten will, kann dies unten an der Brücke über dem Haselbach tun. Diese Lichtung, die wir anfangs gleich nach den Wasserfällen schon einmal passiert haben, macht ihrem Namen alle Ehre und die murmelnden Wasser des Bächleins klingen wie tausendfache Geschichten dazu …

Deshalb soll hier die außergewöhnliche Erzählung von Helmut Wittmann, dem (!) Märchenerzähler aus Österreich, ihren Platz finden. Bei ihm trägt sie die Überschrift „Da lachte die Fee“ – bei mir „Der eine Wunsch“ – und sie erzählt von einem Holzbauern, der den größten Wunsch seines Lebens frei hat und diesen grandios formuliert **Geschichte S. 182**.

Einst rollten hier die Wagen der alten Bockerlbahn über inzwischen verschwundene Geleise.

Für den weiteren Rückweg geht es für uns auf ▸ ***westlicher Höhe in Richtung Norden*** weiter. Ausgeschrieben ist es hier mit ▸ ***Bockerlbahn- oder Wasserfall-Rundweg***. Manches Betonfundament

Farbenfroh und namensreich: der Frühlingsenzian oder auch Schusternagerl, Rauchfangkehrer, Tintabluoma oder Himmelsstengel genannt

berichtet noch von den alten Bahnbrücken, die es hier gegeben hat, wie der Laubenriesbrücke. Richtig anschaulich wird die Vergangenheit aber anhand eines mit Baumstämmen beladenen Wagens, der neben dem Wanderweg greifbar von früheren Zeiten erzählt.

Wir folgen dem Bockerlbahnweg bis zur ▸ ***Kreuzung mit dem Abzweiger zur Ankl-Alm***, bei dem wir jedoch ▸ ***nach Osten in den Ort zurückkehren***. Es gibt auch vorher schon einen Fußweg, der rechts in den Wald hinunterführt und somit alternativ gegangen werden kann. Auf dem regulären Weg empfängt uns schließlich der ▸ ***Buchenweg*** und führt uns zur ▸ ***Josefstaler Straße***, an der wir ▸ ***links nach Norden*** abbiegen, und damit kurzen Weges zu unserem Parkplatz zurück. Wer möchte, kann auf der Josefstaler Straße aber auch noch einen kleinen Schlenker (ca. 200 m) nach Süden unternehmen und zum Ausklang der Runde im Sonnenschein auf dem Bankerl der Kameterkapelle einen letzten Blick auf die Schlierseer Berge genießen …

Josefstaler Wasserfälle und Spitzingsee

4 h Gehzeit | 12 km Länge | 405 hm | mittel

Ausgangspunkt in 83727 Schliersee-Neuhaus:
Parkplatz am Kurpark (Hans-Xari-Platz) an der Breitensteinstraße oder am südlichen Ende der Josefstaler Straße (beide Male nur begrenzt Parkmöglichkeiten vorhanden)

Weg:
Wegen rutschiger Stein- und Wurzelpfade eher bei trockenem, schneefreiem Wetter zu empfehlen.
Gelbe Beschilderung „Spitzingsee" bzw. zum Rückweg „Bockerlbahn-Weg" Richtung Neuhaus.

Besonderheiten:
- Mehrere Wasserfälle
- Weg der alten Bockerlbahn
- Spitzingsee mit Bademöglichkeit und Bootsverleih
- Ausblicke auf die Schlierseer Berge
- Kirche St. Bernhard

Einkehr:
- Gastronomie Spitzingsee, Neuhaus und Schliersee

Zuganfahrt:
Fahrt mit dem Zug nach Fischhausen-Neuhaus, von dort starten oder mit Bus Richtung Spitzingsee-Kirche, Ausstieg „Josefstal Abzw. Aurachstraße"

Variationen:
Verkürzen lässt sich die Runde bei der Alm hinter den Wasserfällen, wo der Bockerlbahnweg wieder zurück nach Norden führt, oder oberhalb der Stockeralm.
Erweitern lässt sich die Tour über den Bockerlbahnweg in südliche Richtung oder über den Jägerkamp (1.746 m), die Brecherspitz (1.683 m) und die darunterliegende Obere und Untere Firstalm.

Tipps:
- Slyrs Whisky-Destillerie www.slyrs.com
- Markus Wasmeier Freilichtmuseum www.wasmeier.de
- Alpenbahnen Spitzingsee www.alpenbahnen-spitzingsee.de

Tourist-Info:
Wendelsteinstraße 2 (beim Bahnhof Fischhausen-Neuhaus)
83727 Schliersee-Neuhaus
Tel.: 08026-97888
E-Mail: tourismus@schliersee.de
www.schliersee.de

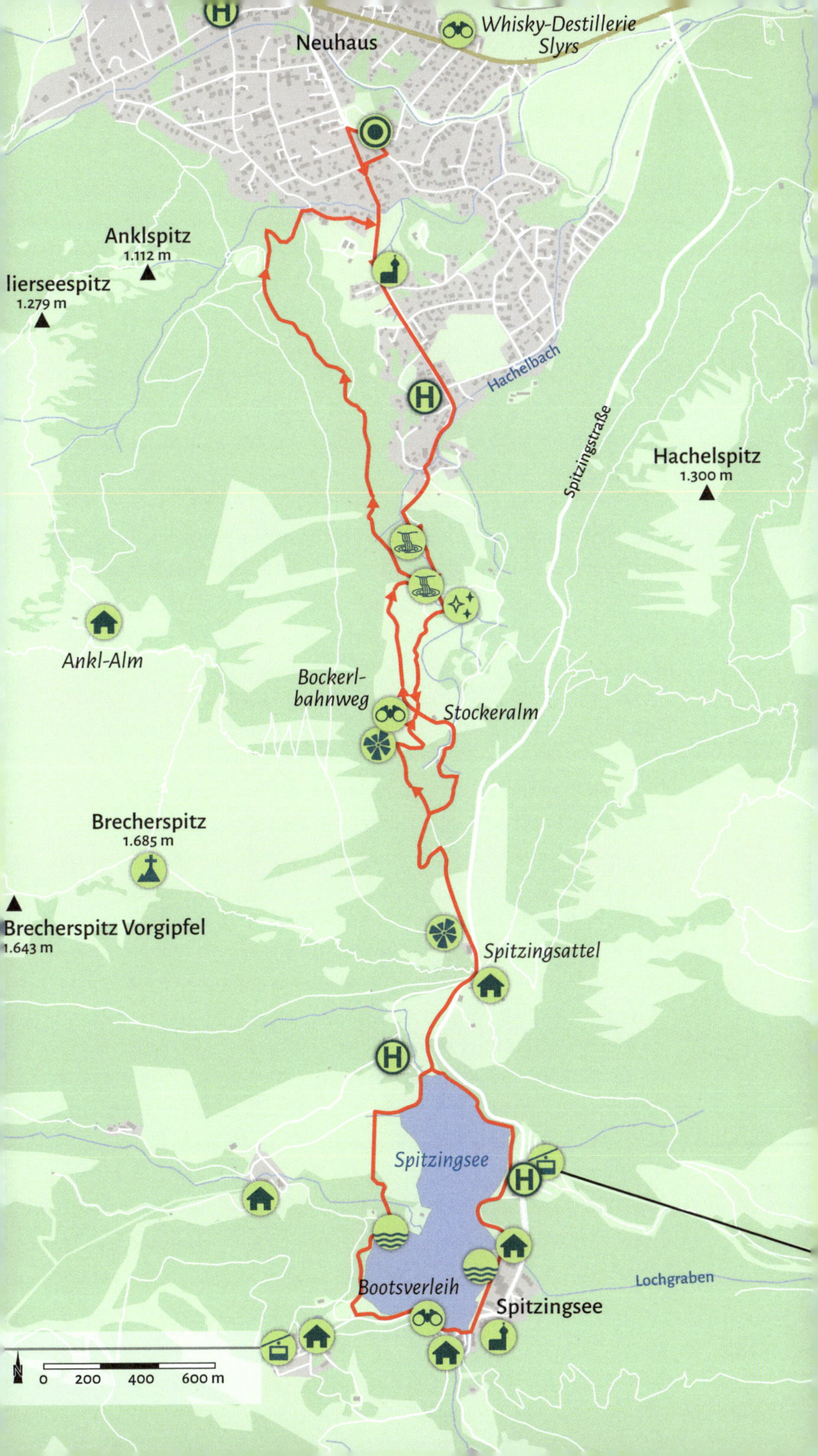

Neuhaus
Whisky-Destillerie Slyrs
Anklspitz
1.112 m
lierseespitz
1.279 m
Hachelbach
Spitzingstraße
Hachelspitz
1.300 m
Ankl-Alm
Bockerl-bahnweg
Stockeralm
Brecherspitz
1.685 m
Brecherspitz Vorgipfel
1.643 m
Spitzingsattel
Spitzingsee
Lochgraben
Bootsverleih
Spitzingsee
0
200
400
600 m

Der eine Wunsch
Vom klugen Holzbauern und der geschickten Wahl seiner Worte

ab 4 Jahren

Frei nach einer Geschichte von Helmut Wittmann

Es lebte einmal ein Holzbauer mit seiner Frau und seiner Mutter sehr ärmlich in einer alten Hütte im Wald. Vom Ertrag des Holzes konnten sie mehr schlecht als recht leben. Deshalb ging er wenn irgend möglich in den Wald hinaus und schlug ein Bäumchen.

Eines Morgens jedoch, als er die Hacke schon an einen Stamm anlegen wollte, da geschah etwas Eigenartiges. Er hörte ein leises Klingeln und auf einmal flog ihm ein Engerl aus dem Baum entgegen.

„Halt! Stopp!", rief es mit seinem feinen Stimmchen und ruderte mit den Armen. Verdutzt blickte der Holzhacker auf.

„Halt ein, guter Mann, halt ein!", rief das Engerl noch einmal. „Das hier ist mein Baum, in dem ich lebe. Bitte sei so gut und lass ihn stehen! Denn wo soll ich denn sonst hin?"

Der Holzbauer traute seinen Augen und Ohren nicht.

Da hob das Engerl noch einmal an und sagte: „Lass doch meinen Baum stehen und wähle einen anderen. Es soll dein Schaden nicht sein!"

Der Holzhacker sah immer noch zweifelnd auf das Engerl, rieb sich die Augen und brummte dann unwillig: „Wia stellst du dir denn des vor? I muaß a vo wos lebn. I konn ja ned oafach jeds zwoate Bammerl steh lassn, oda?!"

„Ja, aber du könntest hier ja eine Ausnahme machen", antwortete das Engerl und fügte dann ganz wichtig an, „denn wenn du meinen Baum stehen lässt, dann erfülle ich dir einen Wunsch!"

Da wurde der Holzbauer hellhörig: „Oan Wunsch?!"

„Ja, einen Wunsch! Nicht zwei oder drei, aber einen kann ich dir erfüllen. Ganz gleich, was es sei!", nickte das Engerl ernsthaft.

Der Holzhacker wurde nachdenklich. Es gab ja schon das eine oder andere, was seine Frau und er ganz dringend gebrauchen könnten ...

Als würde man in eine andere Welt hinüberschauen: von der Stockeralm aus zum Schliersee

„Weißt du was", sagte der kleine Engel. „Überleg es dir doch bis morgen. Dann kommst du wieder und ich erfülle dir deinen Wunsch! Abgemacht?!"

„Na guad", brummte der Holzbauer wieder, packte seine Sachen zusammen und machte sich tief in Gedanken versunken auf den Heimweg. Was sollte er sich nur wünschen? Die tollsten Sachen zogen vor seinem inneren Auge vorbei. Aber das alles schien ihm nicht groß genug für diesen einen Wunsch.

Als er schließlich die schäbige Hütte vor sich sah, in der er mit Frau und Mutter lebte, da war es ihm auf einen Schlag klar: Ein neues Häusl musste her, das wär's!

Freudestrahlend trat er ein. Seine Frau war überrascht, ihn schon so früh wieder zu Hause zu sehen und das auch noch ohne Holz. Da erzählte er, was er erlebt hatte, und sagte mit einem breiten Grinsen: „Und i woaß a scho, was i mir wünsch! Oiso für uns zwoa wünsch!"

Da strahlte auch seine Frau übers ganze Gesicht, drückte sich an ihn und sagte: „Gell, du woaßt, welchn Wunsch i scho so lang im Herzn hob!"

In diesem Moment wurde dem Holzhacker ein bisschen flau in den Knien, weil er sich nicht so ganz sicher war, ob seine Frau und er dasselbe meinten. Aber dann sagte er mit fester Stimme: „Ja, i wünsch uns a neies Häusl!"

Da erblasste seine Frau mit einem Schlag: „Wos a neies Häusl?! Aba i wünsch mir doch scho so lang was ganz Anders: A Kind, a Kinderl wünsch i mir!"

„A Kind? A Kind ...", antwortete er. „Wia wuist du denn do herin a Kind aufziagn? Es rengt doch scho ins Dach nei. Da konnst doch du koa Kind ned großziagn! Erst braucht's amoi a neies Häusl!"

„A wos! Wenn da Herrgott des Kindl gibt, gibt da a a Häusl dazua!"

„Bah, Fraunlogik!", antwortete der Holzbauer nur und schon hatten die beiden einen sauberen Streit miteinander. Da kam die Mutter des Holzbauern zurück und fragte, warum die beiden denn ständig von Haus oder Kind redeten. Sie berichteten ihr von dem einen Wunsch und wollten gerade wieder weiterstreiten, als die Mutter bedeutungsvoll ihre Hände auf die Schultern ihres Sohnes legte.

„Mei, du hosd an Wunsch frei, Bua?", flüsterte sie.

Er sah sie ganz verdattert an.

„Bua! Du woasd doch, dass mei Augenlicht immer schlechda werd. I seh boid nix mehr. Du konnsd doch a gsunds Augenlicht für mi erbittn. Gsundheid is vui wichtiger ois ois andre, oda?!"

Ja sauba, hat der Holzbauer sich da gedacht. Jetzt hob i mein Dreck im Schachterl. Die oa wui a Kind, de andre Gsundheid und i a neies Häusl. Und? Wos mach i etzad?

Die ganze Nacht dachte er darüber nach und überlegte und überlegte und überlegte ...

Am Morgen aber, beim ersten Sonnenstrahl, sprang er aus dem Bett, zog sich an und lief sogleich zum Baum des Engerls.

Mit einem leisen Klingeln flog es sogleich heraus und fragte: „Und, lieber Holzbauer? Hast du es dir überlegt? Lässt du mein Bäumchen stehen und lässt dir dafür lieber einen Wunsch erfüllen?"

„Ja", sagte der Holzbauer mit fester Stimme. „Ja, i hob an Wunsch. Bisd bereit? Dann her mir etzad ganz genau zua: I wünsch ma, wia mei Muatta mit gsundm Augenlicht siehgd, wia mei Frau unsa neigebornes Kind in a scheena Krippn legd, de in unserem neia, dreistöckign, prachtvoin Häusl stehd! – hosd mi?!"

Da lächelte das Engerl und ließ es leise klingeln – und alles erfüllte sich so, wie es sich der Holzbauer gewünscht hatte.

Breitenstein-Fensterl

15

Von wundersamen Quellen, Felsen und Räubern

3:15 h Gehzeit
7,1 km Länge
765 hm schwer

GPS

Eine fantastische Rundumsicht erwartet einen am Breitensteingipfel.

Irgendwo im Wald unterhalb des Breitensteins liegt es versteckt, das außergewöhnliche Breitenstein-Fensterl. Viele haben sich schon auf den Weg dahin gemacht und mussten zurückkehren, ohne diese besondere Naturschönheit entdeckt zu haben. Denn der Weg ist nicht ganz einfach zu finden – und, das sei ausdrücklich vorneweg gesagt, auch nicht ganz einfach zu gehen. Für geübte Bergwanderer kein Problem, für Anfänger absolut ungeeignet. Trotzdem bietet sich für jeden Wanderfreund der Aufstieg auf den Breitenstein an. Wer unerfahren ist, der kann sich entspannt dem normalen Aufstieg zum Gipfel anvertrauen (der auf einem breiten Kiesweg durchgängig ausgeschildert ist), vorbei an griabigen Bergwirtschaften und kleinen Almen. Und wer dazu noch trittsicher ist, aber eben nicht allzu orientierungsfreudig, dem sei der ebenfalls gut ausgeschilderte Aufstieg über die Bucheralm empfohlen.

Rahmt den Blick nach Fischbachau auf faszinierende Weise: das Fensterl auf dem Breitenstein.

Erst einmal jedoch nimmt uns ein besonderer Kraftplatz in Empfang: der Wallfahrtsort ▶ *Birkenstein*. Hier kann man verschiedene ▶ *ausgeschilderte Parkplätze* nutzen und sich dann zu der kleinen Loretokapelle der Muttergottes begeben. Eine sagenumwobene Quelle tritt hier an der Kirchenmauer zutage, die gegen Augenleiden helfen soll. Und neben den normalen Gläubigen pilgern einmal im Jahr, an Christi Himmelfahrt, Tausende zur großen Trachtenwallfahrt rund um das Kircherl **Geschichte S. 192**.

Es lohnt sich, hier in der Stille einige Zeit zu verweilen und die besondere Schönheit dieses christlich gestalteten Platzes in sich aufzunehmen, bevor man sich auf den etwas abgelegenen Weg zum Breitenstein-Fensterl macht.

Denn dieser hat auch etwas von einer Art Bußgang, so wie er sich bald steil den Berghang hinaufzieht. Zuerst einmal geht es noch entspannt los: ▶ *Links* vom anmutig gestalteten Freialtar beginnt ein ▶ *schmaler Kiesweg* entlang des Sattelbachs nach Osten anzusteigen. Wir folgen ihm, bis wir auf einen ▶ *breiten Wald-*

weg gelangen, dem Maximiliansweg, auf dem gelbe Schilder Richtung Kessel- und Bucheralm weisen. Bevor der Weg geradeaus zu einem Wasserfall führt, ▶ ***queren wir linkerhand die Brücke***. Manche Karten zeigen eine Abkürzung über den Wasserfall an, die jedoch nicht wirklich zu empfehlen ist, da häufig Bruchholz den Weg versperrt und Ausweichpfade den Bergwald mehr schaden, als es dem Wanderer Nutzen bringt.

Da ist es besser, nach der Brücke ▶ ***den schmalen Pfad rechts*** zu wählen, der durch den Wald abkürzt. Man kann aber genauso gut ▶ ***auf dem Kiesweg bleiben***, der in einer kleinen Rechtskehre hinaufführt. In der nächsten ▶ ***Linkskehre folgen wir dem Weg geradeaus***, der sich bald zu einem schmalen Pfad verjüngt. Hier trifft dann auch die Abkürzung von der Brücke auf diesen Weg und beide kommen wieder am breiteren Maximiliansweg heraus.

Nun wird es spannend – und noch einmal sei gesagt, dass dieser Weg nur geübten Berggehern mit ausgeprägtem Orientierungssinn vorbehalten ist! Wir folgen wenige Meter dem ▶ ***Kiesweg*** und sehen dann ▶ ***rechts von uns eine kleine Hütte***. ***Links markieren zwei einfache Holzschilder*** als geheimer Wegweiser den ▶ ***Abzweig zum Fensterl*** (auch wenn es nicht explizit genannt wird) und so folgen wir dem ▶ ***schmalen Steig hinauf***. Nach nur fünf Minuten stoßen wir wieder auf einen ▶ ***Kiesweg***, den man ebenfalls vom Maximiliansweg aus hätte nehmen können, folgen ihm ▶ ***ca. 100 Meter rechts*** und gehen, statt einer Linkskehre zu folgen, ▶ ***geradeaus***. Ein Jägerstand und der Blick auf eine massive Felswand kennzeichnen unseren Weg. Nach nur wenigen Metern zweigt hier gleich wieder ▶ ***links ein Pfad*** ab, der uns nun immer steiler werdend durch die stark abfallende Waldflanke hinaufführt. Nach wiederum etwa fünf Minuten kann man weiter kraxelnd nach ▶ ***Nordnordost*** aufsteigen oder ▶ ***eine gemächlichere Kehre nach Osten*** wählen, bei der man allerdings den Richtungswechsel nach Nordwesten beim Sattelbachgraben nicht verpassen sollte.

Unter einem einige Meter hoch aufragenden Felsen treffen diese beiden Wegvarianten wieder aufeinander und führen nun etwas weniger gach ▶ ***nach Nordwest***. Kurz vor dem Fensterl teilt sich der Weg noch einmal. Beide Pfade führen aber zielsicher zu dem beeindruckenden ▶ ***Felsen-Fenster***, das man ob seiner imposanten Größe auch getrost als Tor bezeichnen kann. Wer sich im 2. Schwierigkeitsgrad zu Hause fühlt, kann auch auf den Turm hinaufklettern, doch bitte mit Vorsicht, denn es fehlen teilweise die Seilstücke und nicht mehr alle Griffbügel halten ihr Versprechen. Aber auch vom Boden aus bietet sich ein herrlicher Ausblick nach Fischbachau und es lohnt sich, hier eine kleine Rast einzulegen.

Weiter geht es nun ▸ ***noch einmal aufwärts***, teilweise mit blauen Markierungen versehen, teilweise eher der Nase nach. Hier und dort locken auch manche flachen Abzweiger in die Sackgasse. Mit etwas Gespür und Aufmerksamkeit für den ausgetretenen Pfad findet sich aber der nun ▸ ***rechts nach Osten flacher*** führende Weg zu den Gipfeln des Breitensteins. Bald verlassen wir den dichten Bergwald und es eröffnet sich ein ▸ ***sonnenbeschienener Südhang*** mit verstreuten Steinen und alten Baumriesen. Der Wendelstein grüßt schon einmal herüber und der Blick aufs südliche Leitzachtal öffnet sich.

In einigen Kehren erreichen wir schließlich nach ungefähr zwei Stunden Aufstieg das ▸ ***Gipfelplateau*** mit dem vor uns liegenden Westgipfel, dem ▸ ***Bockstein***, auf 1.575 Metern Höhe. Eine traumhafte Rundumsicht belohnt uns hier und lockt uns ▸ ***nach Osten*** zum eigentlichen ▸ ***Hauptgipfel des Breitensteins*** mit 1.622 Metern Höhe. Die Wege sind nun zum einen sehr gut ausgeschildert, zum anderen aufgrund der spärlichen Bewaldung bestens zu erkennen. Die Aussicht ist fantastisch, vom Peißenberg im Westen über den Chiemgau im Nordosten bis weit in die Alpen hinein.

Wem der mitgebrachte Proviant nicht ganz ausgereicht hat, der kommt nun beim ▸ ***Abstieg über die östliche Seite*** auf seine Kosten. Nach nur fünf Minuten ist die ▸ ***Hubertushütte*** erreicht, die sich wie ein kleines Zwergenhaus an den Berg schmiegt und zur Brotzeit samt Blick auf den Wendelstein und das übrige Mangfallgebirge einlädt. Sind hier alle Plätze belegt, wartet schon eine gute halbe Stunde weiter unten die ▸ ***Kesselalm*** auf ihre Gäste. Vorsicht bei feuchtem Wetter: Die Steine des Wegs sind inzwischen ziemlich speckig und werden bei Regen zu einer hübschen Rutschbahn. Einige Weidegatterl sind hier zu öffnen und zu schließen oder zu durchschlüpfen, damit die Rinder auf ihren Wiesen bleiben.

Eben zu jenen Weidetüren erzählt man sich vom Breitenstein eine schaurig-schöne Geschichte, die übrigens in Bayern an mehreren Orten in verschiedenen Versionen zu Hause ist. In jeder von ih-

nen geht es um geldgierige Räuber, die letztendlich aber das Nachsehen haben **Geschichte S. 194**.

Panorama-Plätze zum Brotzeit machen bieten sich auf dem Breitenstein genügend.

Von der Kesselalm jedenfalls lohnt sich ein kleiner Abstecher zur gleichnamigen ▸ *Kapelle*. Von hier führt ein Pfad hinunter Richtung Birkenstein oder eben wieder der ▸ *Forstweg* von der Almhütte aus. Wir folgen ihm, bis nach einigen kurzen Kehren ▸ *links ein schmaler Wurzelweg* in den Bergwald abzweigt. Er führt uns nahe des Kothgrabens auf kurzweiligerem Weg hinunter ins Tal, wobei allen gemütlich gesinnten Wanderern der Forstweg genauso zu empfehlen ist. Beide Wege treffen wieder an jener Stelle zusammen, wo wir das erste Mal auf den Maximiliansweg gestoßen sind.

Wer mag kann hier den ▸ *Weg vom Anfang wieder zurückgehen* oder nun dem breiten Forstweg nach links folgen, dann die Birkensteinstraße Richtung Westen und kurz nach dem Oberwirt links hinauf auf den Kalvarienberg, der noch zum Ensemble des Wallfahrtskircherls gehört. Wer an der Fichtenstraße gestartet ist, kann nun dem Saumpfad nach Westen weiter folgen, der genau am Parkplatz endet.

Breitenstein-Fensterl

3:15 h Gehzeit | 7,1 km Länge | 765 hm | schwer

Ausgangspunkt in 83730 Fischbachau:

Wanderparkplatz Fichtenweg oder „Fischbachau Schliersee Parkplatz“

Weg:

Nur bei trockenem, schneefreiem Wetter zu empfehlen; nach Regentagen ist leider nur der Forstweg begehbar. Schwindelfreiheit und Trittsicherheit erforderlich.
Gelbe Beschilderung „Breitenstein“; Erreichen des Fensterls nur über die Wegbeschreibung im Text (guter Orientierungssinn nötig).

Besonderheiten:

- Zwei Gipfel mit Rundumsicht
- Felsen-Fensterl unterhalb vom Breitenstein
- Wallfahrtsort Birkenstein mit Heilquelle

Einkehr:

- Hubertushütte www.fischbachau.de/a-bergwirtschaft-hubertushuette
- Kesselalm www.fischbachau.de/a-bergwirtschaft-kesselalm
- Café Seidl in Fischbachau www.cafe-seidl.de
- Klosterstüberl Fischbachau www.fischbachau.de/a-gasthaus-klosterstueberl

Zuganfahrt:

Fahrt mit dem Zug nach Brannenburg oder Fischhausen-Neuhaus, Bus nach Birkenstein-Fischbachau

Variationen:

Das Fensterl ist nur für Geübte mit Trittsicherheit geeignet. Ansonsten bietet sich der Aufstieg über den Maximiliansweg bis zur Kesselalm an, einen breiten Fahrweg. Vorsicht beim Gehen der Runde in entgegengesetzter Richtung: Zum einen ist dann das Fensterl schwerer zu finden, zum anderen ist der Abstieg auf dem schmalen Steig gefährlicher als der Aufstieg. Erweiterungen der Runde sind über die Bucheralm und über den Schweinsberg (1.514 m) möglich.

Tipps:

- Trachtenwallfahrt in Birkenstein an Christi Himmelfahrt
- Klosterkirche St. Martin (Martinsmünster)
- Friedhofskirche Mariä Schutz

Tourist-Info:

Kirchplatz 10
83730 Fischbachau
Tel.: 08028-876
E-Mail: info@fischbachau.de
www.fischbachau.de

Bockstein
1.575 m
Breitenstein
1.622 m
Hubertushütte
Breitenstein-Fensterl
1.350 m
GPS
Fischbachau
Wallfahrtskapelle
Birkenstein
Kesselalm-
Kapelle
Kesselalm
Wasserfall
Birkenstein
Kalvarienberg
Schweinsberg
1.514 m
0
100
200
300 m

Marias heilbringende Kräfte
Vom Wallfahrtsort Birkenstein

ab 6 Jahren

Ursprünglich machte der Birkenstein seinem Namen alle Ehre: Er war schlicht ein großer Fels, auf dem sich Kinder zum Spielen und Erwachsene zur Geselligkeit trafen, zum „Heimgarten", wie es so schön altertümlich heißt. Im 17. Jahrhundert war hier eine Martersäule aufgestellt worden. Der Pfarrvikar von Fischbachau, so erzählt man sich, sei 1663 dorthin zur Andacht gekommen und habe in einer Traumvision die Muttergottes gesehen: „Hier an diesem Ort will ich verehrt werden und denen, die mich hier anrufen, meine Gnade mitteilen."

Ihr wird besondere Heilkraft zugesprochen: der Quelle in Birkenstein.

Als der Pfarrvikar diesen Traum zwei weiteren Männern aus dem Ort berichtete, staunte

er nicht schlecht, denn diese beiden, Hofmarkswirt Christoph Haffner und Wittmössbauer Michael Millauer, wussten von ähnlichen Träumen zu erzählen, in denen sie Wallfahrer zu einer Kirche auf dem Birkenstein pilgern sahen.

Schnell war die Idee geboren, den Traum Wirklichkeit werden zu lassen. Zwar starb der Pfarrvikar kurze Zeit später, doch Millauer und Haffner hielten an ihrem Vorhaben fest, erwarben sogar einen gotischen Schreinaltar und eine Marienstatue. Der neue Pfarrvikar von Fischbachau war davon nicht beeindruckt, sondern bat Maria um ein deutlicheres Zeichen für ihren Wunsch.

Von einem Tag auf den anderen jedoch wurde der Pfarrvikar schwer krank und fürchtete um sein Leben. So gelobte er, den Kirchenbau auf dem Birkenstein voranzutreiben, wenn er wieder gesund würde. Am nächsten Tag schon konnte er sich von seinem Lager erheben und 1673 ließ er eine kleine Kapelle für gut zehn Personen errichten. Einige Birken wurden dazu gepflanzt und damit der Name begründet.

Schon 1710 jedoch reichte diese Kapelle für die vielen Wallfahrer nicht mehr aus, sodass eine zweigeschossige Kirche erbaut wurde. Von einem schweren Unwetter wurde sie 1735 fast völlig zerstört – nur das Gnadenbild blieb unversehrt. 1786 schließlich wurde die neu errichtete Kapelle geweiht und erinnert in ihrer Bauweise an das „Heilige Haus von Nazareth", wie es in Loreto in Italien steht.

Inzwischen wurde das Ensemble um die Gnadenkapelle erweitert, und zwar mit einem Freialtar, dem Kreuzweg samt Kreuzigungsgruppe auf dem Hügel gegenüber, einem Rosenkranzweg und einem kleinen Kloster, dessen Arme Schulschwestern seit 1848 die Betreuung der Kapelle übernommen haben. Höhepunkt ist in jedem Jahr an Christi Himmelfahrt die Trachtenwallfahrt mit gut und gerne 2.000 Trachtlern und zahllosen Besuchern.

Bemerkenswert ist die Quelle, die an der Kirchenmauer hervortritt und von der zahlreiche Heilungen, insbesondere bei Augenerkrankungen, überliefert sind. Früher floss eine der Quellen übrigens durch die Seitenwunde der Christusfigur der Pieta in der ersten Grabkammer. Erst als die Holzfigur dadurch Schaden nahm, verlegte man den Fluss des Wassers in den Rotmarmorbrunnen am äußeren Eingang zur Grabkapelle.

Wie alt die Verehrung dieses Quellwassers wirklich ist, lässt sich wohl nicht mehr herausfinden. Doch lohnt es sich, an diesem besonderen Ort mit seiner eindrücklichen Gestaltung der Altäre und Marien-Darstellungen innezuhalten und die dort innewohnende Kraft für sich zu entdecken.

Das Gatterl am Breitenstein
Von Schlawinern und Räubern

ab 4 Jahren

Wohl über hundert Jahre ist es her, dass zwei Lausbuben auf dem Breitenstein unterwegs gewesen sind. Voller Flausen waren die beiden und so kam es, dass sie nichts Besseres zu tun wussten, als die Gatterl der Viehweiden auszuhängen und zu verziehen. Ein bisserl ein schlechtes Gewissen hatten sie schon dabei, geriet dadurch doch das Vieh der Almen in Gefahr, sich zu verirren und gar abzustürzen. Aber in ihrem Übermut dachten sie nicht weiter daran, bis einer der beiden dann doch kalte Füße bekam.

„Etzad glangt's aber", brummte der ältere, dem die Sache irgendwann zu mulmig wurde. „Oans no!", rief da der andere. „Des dort drübn! Des muaß no auf an Baam. Oder trausd di ned?!"

Das ließ sich der andere natürlich nicht zweimal sagen. So kam es schließlich, dass sie eines der Gatterl sogar auf einen Baum hievten. Sie zogen und zerrten, schoben und drückten, bis sie mitsamt dem Viehgatter auf dem schrägen Baumstamm saßen und sich frech zugrinsten.

Inzwischen aber war es schon dunkel geworden und erst jetzt bemerkten sie zwei finstere Gesellen, die geradewegs auf ihren Baum zukamen. Es waren zwei Räuber, die hier ihr Versteck hatten und deshalb genau unter den Buben ihr Lager aufschlugen. Die beiden Kinder, die in den Ästen saßen, bemerkten die Räuber nicht. Dazu waren sie viel zu sehr mit dem Zählen ihres geraubten Geldes beschäftigt.

Die Buben staunten zuerst nicht schlecht, als sie all das Geld sahen. Doch schon bald bekamen sie ein Problem: Das Gatterl stand nur sehr wackelig auf dem Baumstamm und sie hatten große Mühe, es festzuhalten. Irgendwann konnten ihre kleinen Hände es nicht mehr fassen und das Gatterl sauste mit großer Wucht zu Boden wie ein Fallbeil – genau neben die beiden Räuber. Die erschraken dermaßen, dass sie schreiend davonliefen und nie wieder zurückkamen.

Die beiden Jungs aber trugen stolz ihre Beute nach Hause – und erzählten wacker wieder und wieder diese Geschichte, wenn sie gefragt wurden, woher sie denn das ganze Geld hatten.

Das Gartentürl
Von zwei mutigen Geschwisterkindern

ab 4 Jahren

Eine etwas abgewandelte Form dieser Sage gibt es auch aus Niederbayern von Alfons Schweiggert. Sie gehört zu meinen Lieblingsgeschichten, nicht zuletzt da meine Mutter aus Deggendorf stammt. Drum sei sie hier erzählt:

Da lebte einmal eine arme Witwe mit ihren beiden Kindern am Waldrand in der Nähe von Deggendorf. Der Vater war bei der Holzarbeit gestorben und seither kamen die drei nur sehr notdürftig über die Runden. Die Mutter nähte, stickte und strickte, was sie konnte, oftmals bis tief in die Nacht hinein. Und jeden Samstag fuhr sie zum Markt in die Stadt, um die Sachen zu verkaufen, damit die drei wenigstens ein bisserl was Vernünftiges zum Essen hatten.

So war es auch diesmal wieder. Die Sonne ging gerade auf, als die Mutter dick mit ihren Stoffwaren bepackt in der Tür stand, vor ihr die beiden Kinder, der Bub grad zehn, das Maderl acht Jahre alt: „Ihr wisst's, i fahr heid wieda zum Markt. Seid's ma schee brav, ihr zwoa!" Die beiden nickten mit ernsten Gesichtern.

„In da Stubn find's ihr no a Stückerl Brot im Kasterl. Des könnt's ihr essn. Mehr is leida nimmer do. Aber i verdien heid ja a bisserl Geid, dann kaff i uns a Essen!" Die Kinder strahlten.

„Ach ja, und bassd mir ja gscheid aufs Gartntürl auf, gei!" Mit diesen Worten schloss die Mutter die Tür und die Kinder tobten erst einmal ausgelassen durch das kleine alte Haus. Das restliche

Keine Sorge, die Gatterl auf dieser Runde muss man nicht mit sich tragen, wie in unserer sagenhaften Geschichte …

Brotstück war auch schnell vertilgt, und bei den beiden machte sich bald Hunger breit.

„Du, i kenn an guadn Platz im Woid, wo's saftige Himbeern gibt! Was moansd, geh ma dorthi?!", sah der Bub sein Schwesterlein aufmunternd an.

„Jaaa, des is guad. I hob scho wieda so an Hunger!", hat das Maderl lächelnd drauf geantwortet. Doch dann: „Aber hoit! Des geht ja ned. Mia miassn ja aufs Gartntürl aufbassn!!" Schlagartig war die fröhliche Stimmung der beiden wieder dahin.

„Hmm, des stimmt. Aber i hob a Idee", antwortete schließlich der Bruder. „Mia nemman des Gartntürl oafach mid!"

„Des is subba!", hat des Maderl drauf geantwortet und schon haben sich die beiden auf den Weg gemacht. Er nahm das Türl auf der rechten und sie auf der linken Seite und so stapften sie fröhlich plaudernd in den Wald hinein.

Bald waren die ersten Himbeeren erreicht und die beiden futterten, was das Zeug hielt. Aber halt, dort drüben waren noch bessere – und hier hinten erst! So kam es, dass sie das Gartentürl von hier nach dort schleppten und sich fleißig an den roten Früchten des Walds bedienten ...

Aber es kam, wie es kommen musste: Die beiden vergaßen die Zeit. Als sie sich auf den Heimweg machen wollten, brach schließlich die Dunkelheit herein und weit und breit war kein Weg mehr zu finden.

„Was mach ma denn jetzt?“, schluchzte das Mädchen.

„Ah, des is hoib so schlimm“, versuchte der Bub sie zu beruhigen. In Wirklichkeit hatte aber auch er Angst, die Nacht im Wald verbringen zu müssen. Also redete er sich und ihr Mut zu. „Woasd wos, mia suchan uns an scheena Platz, an dem mia de Stern beobachtn kenna. Da geht de Nachd ganz schnei vorbei! Wirst scho seng.“

Auf einmal entdeckten sie vor sich einen schräg hinaufgewachsenen Baum.

„Schaug, da gemma auffi. Da konn uns nix bassiern!“

„Aba, des Gartntürl!?! Mia kenna des doch ned oafach zruck lassn!“, sagte das Mädchen zweifelnd.

„Ok, ok, des nemma mia oafach mid nauf!“

So packten sie wieder das Gartentürl, er rechts, sie links, und schleppten es mühevoll den Baum hinauf. Dort saßen sie, das Türl fest in den Händen, und starrten in den Himmel. An Schlaf war vor Aufregung nicht zu denken ...

Mitten in der Nacht aber kamen auf einmal lodernde Fackeln zu ihnen herüber. Eine Räuberbande kehrte von ihrem Streifzug zurück und setzte sich genau unter den Baum, auf dem – unentdeckt – die beiden Kinder saßen. Ein Feuer wurde angezündet und die Räuber packten ihr Diebesgut aus: so viel Gold und Silber, wie die beiden Kinder es sich noch nicht einmal erträumt hatten.

Die Zeit verging und die Räuber dachten gar nicht daran, schlafen zu gehen. Sie feierten seinen großen Erfolg ausgiebig ...

Da flüsterte das Mädchen irgendwann ihrem Brüderlein zu: „Allmählich konn i’s nimma hoidn!“

„Wos denn?!“, fragte der Bub sorgenvoll.

„Des Gartntürl! I konn des Gartntürl nimma hoidn!“ Und mit diesen Worten ließ das Mädchen das hölzerne Tor aus den müden Fingern gleiten. Der Junge allein aber konnte die schwere Tür erst recht nicht mehr festhalten – und das Gartentürl krachte mit einem lauten Rumms ins Feuer unter ihnen, genau zwischen die Räuber!

Denen war, als würde ein Ungeheuer aus den Ästen über ihnen herabspringen, sie schlagen und ihnen die Haut verbrennen. Hals über Kopf rannten sie in die finstere Nacht hinaus und waren nicht mehr gesehen ...

Das Maderl und der Bub aber sahen sich nur angstvoll an und blieben tapfer auf dem Baum sitzen, bis die Sonne mit ihren warmen Strahlen das Dunkel des Walds erhellte. Und dann schimmerte und glitzerte es unter ihnen, dass es eine wahre Pracht war. So kletterten sie flugs vom Baum und packten alles Gold und Silber in ihre Taschen. Kein noch so kleines Geldstück ließen sie zurück. Dann schnappten sie sich das etwas ramponierte Gartentürl und fanden alsbald den Weg zurück, den sie am Vorabend verfehlt hatten.

Die Mutter aber stand schon sorgenvoll in der Türe und hielt Ausschau nach ihren Kindern. Mit einem lauten Aufschrei lief sie ihnen entgegen: „Mei, o mei, wo wart ihr denn de ganze Nacht!?! I hab mir solche Sorgen ...“

Der Rest ihres Satzes blieb ihr vor lauter Staunen im Halse stecken, als sie zwischen den beiden das Gartentürl entdeckte. Da musste sie lachen, denn jetzt verstand sie, dass die beiden ihren Satz vom Gartentürl völlig missverstanden hatten: „Warum habt ihr denn des Gartentürl mitgnomma? I hab doch nur gmoand, dass ihr koan Fremdn neilassn soid!“

Da lachten auch die Kinder mit ihr. Vor allem aber packten sie ihre Schätze aus und erzählten von ihrem spannenden Abenteuer im Dunkel des Walds.

Von da an mussten die drei keine Not mehr leiden. Die beiden Kinder konnten ihren Schulabschluss machen, bekamen eine gute Ausbildung und später eine passende Arbeit, sodass sie seither glücklich und zufrieden lebten.

Für die Räuber ging die Sache nicht ganz so gut aus. Als sie erwischt wurden, sorgte man dafür, dass der Hengersberg (genauer „Hängersberg“) schließlich zu seinem Namen kam ...

Märchenhafte Buchtipps

Aberle, Andreas: Es war ein Schütz, Rosenheim 2001.

Der sagenhafte Bergwald, Ein Erlebnis für die ganze Familie, Broschüre der Tourist-Info Grainau (dort erhältlich oder als Download).

Frau Wolle: Morgen ist morgen, Innsbruck 2011.

Mohr, Sepp: Tegernseer Sagen, München 2016.

Schinzel-Penth, Gisela: Sagen und Legenden um Miesbach und Holzkirchen, Andechs-Frieding 1995.

Schinzel-Penth, Gisela: Sagen und Legenden um Tölzer Land und Isarwinkel, Andechs-Frieding 2006.

Schinzel-Penth, Gisela: Sagen und Legenden um Werdenfelser Land und Pfaffenwinkel, Andechs-Frieding 2008.

Schmidt, Willibald: Sagen aus dem Isarwinkel, Bad Tölz 1979 (nur noch antiquarisch erhältlich).

Schweiggert, Alfons: Bayerische Märchen, München 1995.

Tegetthoff, Folke: Kräutermärchen, München 1998.

Wittmann, Helmut und Ursula: Das Geschenk der zwölf Monate, Innsbruck 2018.

Sagenhafte Gruppenwanderungen

Gerne begleitet Ursula Weber mit ihren Geschichten auch Ausflugsgruppen bei ihren Streifzügen durchs Oberland. Ob auf aussichtsreiche Berge oder bei einer illustren Schifffahrt, fragen Sie sie einfach an: www.erzaehlzauber.de

Herzliche Einladung auch zu ihren „Märchenhaften Wanderungen", die sie inzwischen zusammen mit einer Stadtführerin der www.toelzer-stadtversucher.de im Umland von Bad Tölz anbietet. Die aktuellen Termine finden sich auf ihrer Website oder auf der Facebook-Seite „Erzählzauber – Ursula Weber".

Wer zu einer Wanderung eine kundige Bergführerin buchen möchte, findet auf der Website von Margit Simon www.wandern-kultur.com individuelle, fachkundige und herzliche Betreuung.

Und wer gerne ein Gruppenevent mit weiterem Rahmenprogramm veranstalten möchte, findet auf www.litschis-bergwelt.de Inspirationen in Hülle und Fülle.

WANDERN MIT DEM VOLK VERLAG

Mit Märchen und Sagen auf Wanderschaft

Ursula Weber

Wandern auf märchenhaften Pfaden

15 Touren und 30 Geschichten vom Werdenfelser Land bis zum Wendelstein

Klappenbroschur, 184 Seiten,
mit Kartenmaterial und farbiger Bebilderung

ISBN 978-3-86222-309-1

www.volkverlag.de

Sonntags spazieren zu jeder Jahreszeit

Ursula Weber

Die schönsten Sonntagspaziergänge für alle Jahreszeiten

20 Ausflüge ins südliche Oberbayern

Klappenbroschur, 176 Seiten,
mit Kartenmaterial und farbiger Bebilderung

ISBN 978-3-86222-431-9

www.volkverlag.de

Volk Verlag München

Neumarkter Straße 23
81673 München
www.volkverlag.de